虹子青春

青岛农业大学“身边的青春典型”风采录（第二辑）

主　编｜王　峰

中国海洋大学出版社
·青岛·

图书在版编目(CIP)数据

虹子青春:青岛农业大学“身边的青春典型”风采录. 第二辑 / 王峰主编. —青岛:中国海洋大学出版社,2019. 4

ISBN 978-7-5670-2159-4

Ⅰ. ①虹…　Ⅱ. ①王…　Ⅲ. ①大学生—先进事迹—青岛—现代　Ⅳ. ① K828. 4

中国版本图书馆 CIP 数据核字(2019)第 060538 号

出版发行	中国海洋大学出版社		
社　　址	青岛市香港东路 23 号	**邮政编码**	266071
出 版 人	杨立敏		
网　　址	http://pub. ouc. edu. cn		
订购电话	0532-82032573(传真)		
责任编辑	董　超		
印　　制	青岛国彩印刷有限公司		
版　　次	2019 年 4 月第 1 版		
印　　次	2019 年 4 月第 1 次印刷		
成品尺寸	170 mm × 230 mm		
印　　张	15. 25		
字　　数	269 千		
定　　价	50. 00 元		

发现印装质量问题,请致电 0532-88194567,由印刷厂负责调换。

编委会

目录

Contents

个人篇

团队篇

个人篇

陈晓：志愿服务令我心动

■ 邓　玉　孙玉莹

她热衷于志愿服务，她能说一口流利的英语，她温婉大方又坚毅刚强，她就是参加了马德里商标体系纪念活动的青岛农业大学志愿者陈晓。

2016年11月15日，由世界知识产权组织、国家工商总局联合主办的商标品牌和马德里国际商标体系成立125周年纪念活动在青岛市举办。建工学院工程造价专业2014级学生陈晓凭借精湛的英语口语水平和丰富的志愿服务经验，从众多竞选者中脱颖而出，成为25名志愿者之一。来自青岛农业大学和青岛科技大学的25名志愿者用细致、温馨的服务给外宾留下了深刻的印象。

宜未雨而绸缪，毋临渴而掘井

“志愿服务令我心动，令我获得了心灵上的提升。”陈晓在回忆这次活动时说道。从一轮筛选到二轮面试，从同时与来自不同专业的众多竞选者竞争到最终的25名确定人员之一，陈晓坦言：她也曾有过压力、有过紧张，但是坚持不懈的英语口语练习和随机应变的演说能力令这个努力的女孩最终在激烈的竞争中脱颖而出。

流利的英语口语无疑为陈晓在这场竞争中增光添彩。当许多人还在为英语四六级发愁时，陈晓已经凭借精湛的英语口语从众多英语专业竞争者中脱颖而出成为学院唯一一位志愿者。鲜花和掌声的背后总是无尽的汗水，深入采访陈晓后，我们了解到她坚持每天用百词斩背 100 个单词，从未间断。课余时间，她还参加了许多演讲比赛，在锻炼个人演讲能力的同时也学习如何更好地与人交流。

除此之外，陈晓还特别喜欢阅读。当别人在刷空间、刷微博的时候，她往往会拿出一本书来安静地倾听那来自纸间的智慧。“好书不厌百回读，熟读深思子自知”是陈晓读书的体会。除了纸质图书，她同样热爱电子阅读，谈话中，陈晓还向我们推荐了几个阅读公众号，例如有书、行动派、青年观察者等，希望学弟学妹们可以像她一样爱上读书。“不要把时间都浪费在电子娱乐上，通过阅读可以获得更多的心灵启迪。”这是陈晓给学弟学妹们的建议。

看似寻常最奇崛，成如容易却艰辛

因为大雾天气，飞机不得不延迟，这为志愿工作带来了困难。飞机延误问题导致很多外宾都失去联系，负责在国际口接待的陈晓和其他志愿者在机场焦急地等待接近四个小时，吃饭仅仅用了不到十分钟，几乎没有休息的时间。

从她的叙述中，我们深深地体会到了那份辛苦与劳累，然而陈晓却笑着说道：“辛苦与突发状况都是有的，但是更多的是锻炼与内心的充实。我觉得这就是志愿服务的意义，累并快乐着。”

当被问到这次志愿服务最大的感受是什么，陈晓微笑着说道：“这次志愿活动是对我自身能力和英语口语的很大肯定，它将会支持我在自己热爱的志愿活动中坚定地走下去。”谈话中，陈晓建议学弟学妹们应该更多地参与到志愿服务中去，体会来自心灵的幸福。“志愿服务不仅让我们获得心灵上的提升，同时也锻炼了个人的耐心和抗压能力，这就是志愿服务的魅力。”陈晓这样说道。

路漫漫其修远兮，吾将上下而求索

从最初的社会实践到如今的志愿服务，这个爱笑的女孩一直努力并快乐地投入其中。虽然有时候会很累，但是当我们问到付出大量时间和精力是否后悔过时，陈晓这样说道：“不后悔！我觉得做一次社会实践比课堂上的几堂课更能得到学习和提升！”有梦想的人都是幸福的，相信未来的陈晓一定会在自己热爱的志愿服务中走得更远。

陈杨:以马为梦

■ 张 倩 贾王蕊 贾光辉

鲜衣怒马,一骑绝尘孤胆勇闯天涯;

策马扬鞭,问鼎探花今朝还看巾帼。

马背上的女子,不论古今,似乎天生就带有刚健不输须眉的气势。她们总是为了心中的理想,不惧任何险阻,一心向前。

陈杨,动物科技学院马业科学专业2015级1班学生,2017年第四届青岛市大学生职业生涯规划大赛三等奖获得者,荣获2017年山东省大学生职业生涯规划展演活动优秀奖。她连续两学期担任校特聘教授、新西兰马兽医Dr Davis教授的助教,担任青岛霍斯凯恩翻译有限公司译员,参与《马的解剖》《马的营养学》等著作的翻译。2016年3月开始参与中国纯血马资料录入工作,2017年2月在达根斯国际马术俱乐部担任法国教练Vivi的助教,2017年5月与中国纯血马登记管理委员会秘书长王振山老师合作在中国《马术》杂志上发表文章,2017年10月获得国际马业峰会志愿者资格、中信嘉丽泽国际马术俱乐部寒假实习资格。她在青岛农业大学第三、四届"思达杯"大学生职业生涯规划大赛中分别获得二等奖和一等奖,并参与了学院组织出版的《马科小册子》，且该书将作为马科专业学生教学用书。

机缘巧合，与马结缘

人生充满了太多的机缘巧合、阴差阳错，面对命运的曲折，有的人选择自怨自艾，有的人选择甩掉包袱，轻装上阵，重新出发。陈杨就属于后一种。其实马业科学专业并不是她的首选，她最初的梦想是当一名“机电女”。

“哪个女孩愿意来养马啊！”作为一名来自成都的川妹子，陈杨性格里的直爽很讨人喜欢。从小喜欢机械，在拆了若干收音机、随身听、闹钟之后，陈杨把机械电子作为了大学梦的奋斗方向，为了能从成都来到青岛，陈杨服从了调剂，但被分配到了马业科学专业。像第一次听说这个专业的人一样，陈杨也把“马业科学”和“马夫”画上了等号，入学之后，陈杨做的第一件事就是咨询学校的转专业制度，要奔向她心心念念的机电专业。如果陈杨去了机电专业，也就没有今天的故事了。

大一下学期的一堂专业课，让陈杨彻底选择留在了马业科学专业。“我记得是 Davis 教授的课，她给我们看了好多名马的照片，作为一个对小动物无感的人都被这些马给惊艳到了。”陈杨说 Davis 教授是学校的特聘教师，正是这位外籍教授，为她打开了新世界的大门，无论是未来的收入还是就业前景都让陈杨心动，正是这些因素让陈杨最终选择安心当一名“马夫”。

确立目标，一心向前

如果说陈杨最初选择马业科学专业是看中这个专业未来的就业前景，而真正让她爱上马业科学的则是因为一次实习经历。

2016 年的暑假，陈杨作为志愿者参与了一场赛马比赛，那场比赛中有一匹马状态不好，在最后一圈的时候失足摔倒，她眼睁睁地看着那匹马倒在眼前，一点一点地咽气，而骑手一直陪在马的身边，哭得撕心裂肺。这一幕深深刺激了她，就像是电影《战马》里演的一样，战马乔伊在战火中毅然穿过封锁线去解救主人艾伯特，相似的情景就出现在身边，她不由地也跟着骑手哭了。

也就是从那时候开始，陈杨明白马并不只是一种动物，而是一位值得信任的伙伴。于是她希望替更多的人找到合适的马，也替更多的人照顾好我们的朋友。今年已经大三的她决定毕业后成为一名真正的伯乐——马术总教练。

为了提高自己的专业素养，更好地学习专业技能，更深刻地了解马术这种运动，陈杨积极参加各类马术活动。她积极加入学生会和马术协会，充分利用课余时间前往学校周边马场实习并进行体能锻炼。大一期间，她便开始旁听凯瑟琳教授为2014级学生开设的马房管理课程以及王振山老师为2013级学生开设的马文化课程。在2016年“五一”假期，她前往青岛宝湖马术俱乐部，为“全国名人马主30千米耐力赛”做志愿者，在此期间结识了美国马繁育专家Andy，与他交流过程中对马术行业有了更多的了解。

规划人生，逼近梦想

陈杨说：“每个人都有自己的生命清单，也就是人生规划，在我看来，做好职业生涯规划才能为进一步打造精彩人生做好准备。”陈杨在大一时，参加了职业生涯规划大赛，作为唯一的大一新生，她并没有怯场，尽管略显青涩，却展现出了不俗的眼光和执行力。两年间，她共参加了三次职业生涯大赛，在比赛中取得的成绩越来越好。在第四届大学生职业生涯大赛中，她从数十位选手中脱颖而出，获得了一等奖，并代表青岛农业大学参加青岛市职业生涯规划比赛总决赛。人生的成长，靠的不是时间，而是勤奋与努力。一个朝着自己目标努力前进的人，全世界都会为他让路。参加总决赛时，她自信流畅的个人职业生涯规划演讲、生动形象的职场情景模拟短剧以及机智敏捷的现场答辩，展现了青农学子奋发有为的精神面貌和勇闯职场的自信与坚定。

“如果有一天我们湮没在人潮中庸碌一生，那是因为我们没有努力活得丰盛。”陈杨的梦，从机电到马科，从工程师到马伯乐，机缘巧合下却成为她一直寻找的方向。在追梦的这条路上，她一直在努力，脚踏实地，一步一个脚印，不断前进。

程译萱：十里春风送温暖的女孩

■ 李　超　薛春燕

程译萱，人文社会科学学院公共事业管理1503班学生，曾担任2017届青岛农业大学学生会常务副主席，人文社会科学学院学生会主席，大学生筑爱圆梦服务队队长。在校期间，连续多个学期综合素质测评优秀，多次被评为“三好学生”、优秀学生干部。她还获得数项国家级、省级社会实践类奖项，获评山东省社会实践先进个人，并在2018年荣获五四青年标兵荣誉称号。

一份坚定怀初心

“日日行，不怕千万里；常常在，不怕千万事”，程译萱以实际行动证明了努力对于人生的不可或缺。在耀眼的光芒背后，身兼数职的压力可想而知，但她从未有过对于忙碌和疲惫的抱怨。时间紧迫、事务繁琐，这些都没有让她退缩，而是通过辛勤的付出提高能力来更好地应对，用更持续的努力去践行自己的初心。

为了更好地完成工作，她主动与老师、同学沟通交流，一点一滴积累自己的经验。从刚刚接手工作时的毫无头绪，到后来处理事情的游刃有余，日积月累的坚持使她更加成熟稳重，能够妥善处理学生会各部门之间的关系，成为沟通老师与同学之间的稳固桥梁。出色的语言表达能力和优秀的组织协调能力，也让她在各种活动中脱颖而出，得到大家的信任。

在繁忙工作的同时，她丝毫没有放松学习，成绩一直保持优秀。图书馆、自习室，经常能看到她勤奋学习的身影。尽力完成工作后，她把所剩时间几乎都用来学习，压缩掉了大部分娱乐时间。如此充实而高效的生活使她变得更加自信与独立。

面对至关重要的大四一年，程译萱也已经给了自己坚定明确的目标，那就是继续深造，备战考研。对于未来的发展方向，她更倾向于从事教育培训行业的工作，通过奉献和服务的方式，感受到自己的价值和快乐。这是大学教会她的，也是她将追求一生的事。

一腔热忱久弥深

程译萱来自内蒙古，热情开朗、活泼大方，自小就坚持学习民族舞和小提琴。她非常喜欢并擅长表达、展示自我，这让她在学校的舞台上光彩夺目。虽然她由于担任学生会工作的原因，能够自由支配的课余时间很少，但她依然坚持着兴趣爱好，并始终保持热爱与最初接触时的新鲜感。她懂得利用细碎的点滴时间去体味生活，又能将那些隐藏在原始状态中的闪光点不断地发掘，努力追求内外兼修。

她还钟情于演讲辩论活动。她曾经说过："通过演讲表达出内心的想法并获得他人的理解，是一件能够获得满足感的事情，也能为自己增加一份信心与勇气。"她从容不迫、语调舒适的谈吐常常得到老师的夸奖，也让同学钦佩。她获得的荣誉是厚积薄发，是寻求各种机会锻炼自己、积累经验后的硕果。

她的同学张政曾评价她说："萱萱在生活中待人接物非常有礼貌，知书达理、乐于助人。"她积极向上的心态和乐于助人的品质感染着周围的每个人，给他们送去满满的正能量。

一片丹心求奉献

志愿服务与社会实践占据了程译萱大学生活极其重要的一部分。作为学校大学生筑爱圆梦服务队队长，她累计参与各类志愿服务活动 74 次，累计志愿服务时长 1620 小时。同时，她还是第三届国际国标舞大赛优秀志愿者、青岛市国际半程马拉松优秀志愿者、青岛市红岛国际风筝节优秀志愿者，并获得青岛农业大学优秀学生干部奖学金等国家级奖项2项、省级奖励4项、市级奖励4项、校级奖励20余项。

她带领团队策划国学、篮球等富有内涵的创新课程，为山区的孩子们留下独特的知识印记；遇到暴雨，她亲自接送学生上下学；她还特意身着家乡的传统服饰，为孩子们讲解蒙古族有趣的文化习俗，唤醒他们对外面世界的憧憬。四年来，她不断用自己的实际行动编织成一个又一个美丽动人的故事，用一颗赤子之心谱写人性中最本质的真善美。

“参加社会实践与志愿服务是一个逐步了解自己的过程，让我接触到了社会中需要帮助的人，最重要的是带给我许多的收获与感动。”她这样说道。在众多经历之中，令她印象最深的，是2017年暑假的枣庄支教之行。支教期间有一个女孩因为家里重男轻女，不得不将放弃学习。但临走前女孩跑过来告诉她，因为他们的支教助学活动，她又重新燃起了求学的愿望。女孩的经历让她心疼的同时，更让她明白了自己参与志愿服务的意义，她投身实践活动的信念也越发坚定。

在程译萱的身上，我们感受到了她闪耀着人性本真的心灵的温度，感受到了她那股真挚而淳朴的热情。这种温度和热情，陪伴她经历收获与成长，引领她在人生道路上一路高歌。

段学兰：心中有梦，不惧何方

■ 刘晓莉　张　洁

获得国家奖学金1次，国家励志奖学金2次；荣获山东省优秀学生、山东省优秀毕业生、山东高校十大优秀学生提名奖，青岛农业大学十佳大学生、优秀学生标兵、五四青年标兵之学术科研标兵等荣誉称号；发表过优秀学术论文，主持过国家重点项目，多次去支教……短短四年的大学时光，这个姑娘将这些人生精彩事件体验了个遍。努力与坚持并存，成就与荣誉相伴，这就是植物医学学院植物保护专业2014级本科生段学兰大学生活的真实写照。

倾心学习，对专业知识精益求精

一个人，努力一阵子并不难，难的是，她一直都在努力。

“如果这个世界上真的有奇迹，那也只是努力的另一个名字。”段学兰说。她是行动的巨人，将努力诠释到了令人感动的程度。在大学四年中，她始终严格要求自己，对于知识始终保持着孜孜不倦的学习态度，在过去的四年中取得了两次专业第一、一次专业第二的好成绩，综合三学年专业成绩排名第一名。

此外，她曾3次获得校级优秀学生一等奖学金、1次登海种业一等专业奖学金、1次植物医学校友会校友情励志奖学金、8次素质综合测评优秀、8次校级“三好学生”、1次校级优秀团员等荣誉，她还以优异成绩通过了全国大学生英语四、六级考试，全国计算机二级考试，全国教师资格证考试。

“你见过假期中青农的朝阳和星空吗？”“我见过。”平日里图书馆、实验室两头跑的她，像一个不知疲倦的陀螺，就连假期也要主动申请留校学习。每天一大早，她准时赶到图书馆或实验室，晚上直到快要门禁，她才不得已回到宿舍，她小小的身躯里到底蕴藏着多么大的能量？

“星光不问赶路人，时光不负有心人。”2018年3月，段学兰顺利通过中国农业大学硕士研究生考试复试，为自己的本科生活画上了一个完美的句号。当她回望自己的考研经历时，不禁感叹道：“考研的路途上，几度艰辛，几多伤痛，也曾迷茫过，也有过瓶颈期，但是只要心中有坚定的目标，就会有勇气去面对所有的挫折。”

专注科研，在学术研究中冲云破雾

一个曾用自己的脚在路上踩下脚印的人，一定会找到一条真正属于自己的路。

喜欢是藏不住的。每当段学兰来到实验室或者谈到自己研究的项目和参加的竞赛时，眼睛里就像是有闪亮的星星。从2016年5月在青岛农业大学分子植物病理学与蛋白质科学研究中心实验室和结构生物学实验室进行科研训练开始，她用踏踏实实的工作和一丝不苟的态度解开了一个个难题。2017年4月，她积极参加了由中科院兰州化物所青岛中心举办的SCI论文写作培训。

大学期间，她积极参与国家自然基金项目课题“小麦赤霉病菌靶标蛋白与杀菌剂互作机制研究”，作为第一主持人主持“青岛市小麦纹枯病病原菌鉴定及防控研究”项目，并以第一作者的身份在全国中文核心期刊《中国植保导刊》上发表论文1篇；作为第二主持人主持“园林植物大叶黄杨白粉病病原菌鉴定及防控研究”课题项目，期间完成的论文被《中国植物病理学会2016年学术年会论文集》收录。2016年暑假，她前往山东省花生研究所进行科研实习，作为科研助理完成了采集昆虫样品的鉴定工作。

不断突破，于实践中有温度地成长

最明媚的花就要接受最明媚太阳的照耀。对段学兰来说，这阳光有很多的来源，学习、实验、实习、实践……无疑，这些对她来说都是放松心灵的方式，带给她无穷的新的生命力，使她更加精力充沛。

她非常热衷于实践活动。2014年，她加入青岛农业大学三农学会，成为支教部干事，进行多次支教活动；2015年暑假，参加了青岛海力源生物科技有限公司联合青岛农业大学农学与植物保护学院开展的“水溶肥应用及市场现状”暑期社会实践调查，同时还进行了主题为“社会主义新农村建设”的思政社会调研项目；2016年暑假，加入青岛农业大学农学与植物保护学院“聚焦农村发展现状，助力齐鲁精准扶贫”社会实践团，因表现突出，获得社会实践优秀学生荣誉称号。

她不囿于学业，在课余时间积极参加各项竞赛活动，不断充实和完善自己。2016年，她参加了青岛农业大学第七届“挑战杯”大学生课外学术科技作品竞赛活动并获一等奖；参加第三届“植物保护专业技能大赛”获二等奖；参加第三届“种子质量检测技能大赛”获二等奖。2017年，她参加了“外研社杯”全国英语阅读大赛并获青岛农业大学初赛三等奖；参加了“走进大自然，爱护母亲河”2017世界地球日白沙河春季公益骑(青岛站)活动，获得优秀志愿者荣誉证书；参加了青岛农业大学第六届大学生社团文化艺术节“感恩三农，回报桑梓”励志演说比赛获优秀奖。

心怀感恩，在生活中充满阳光

心之所向，素履以往又何妨？

段学兰来自一个普通的农村家庭，是山东省特困大学生，但是家庭经济困难从来就没有成为阻碍她奋勇前进的路障。在校期间她一直勤俭节约，主动减轻家庭负担，利用课余时间进行校内及校外的勤工助学工作。尽管家庭经济困难，她却一直保持着开朗阳光的心态，积极与他人沟通交往，用心学习和工作，通过努力奋斗来改变自己的世界。在班级中，她热情大方，乐于助人，很多同学有困难首先想要求助的人就是她。

对老师和同学她一直保持着一颗感恩的心，她曾说过：“在考研的路上，不只有自己的努力和家人的支持，舍友、同学、学长学姐、老师们的关怀和指导同样坚定了我考研的信心，为我考研提供了不小的动力。”

习总书记曾深切寄语广大青年：一定要坚定理想信念，练就过硬本领，勇于创新创造，矢志艰苦奋斗，锤炼高尚品格。从青岛农业大学走出的段学兰，犹如深谷中的幽兰，亭亭玉立；她用闪闪发亮的大学经历诠释了当代青年应有的责任和担当，用最宝贵的青春践行了“幸福是奋斗出来的”这句铿锵有力的理想誓言。

付浩然:畅享充实丰富的大学时光

■ 王汝雪　宋颖芳

夏天吹过柠檬海盐味的风,云收雨过天晴的爽朗。2014年8月31日,是学校新生入学报道的日子。为迎接新同学,学院为每一位新生准备了一个许愿瓶,写下自己的大学心愿。“收获成长,不虚此行”,这是管理学院会计外包专业2014级学生付浩然的大学心愿。

大学四年,他积极参与各类校内外活动,担任2016届校学生会副主席、管理学院学生会主席、“手拉手”义务支教队副会长。他投身实践,多次前往农村开展调研扶贫,展现大学生的责任与担当。他热心公益,三次赴山区支教,累计参与志愿服务长达1820小时,用爱心传递温暖。他用实际行动努力完成入学时的心愿,在丰富有趣的大学生活中不断充实自我。

风雨兼程,初心未改

从大一到大三,付浩然一直在学院学生会工作。从一名部门干事到学生会主席,角色在变,可他参加学生工作的初心从未改变。“学生会成立的初衷,首先是为每一位同学服务。我们每一名学生干部一定要不忘初心，在踏实的工作里增长才干。”每次学生会例会时，他总会像这样再三提醒学弟学妹们。在认真完成每一项工作任务，做好老师与同学间联结作用的同时，他还积极组织校园学生活动。

因为一直有个“站上讲台当老师”的愿望，他初进学校就报名参加了“手拉手”义务支教队。在社团里，从跟随老队员一同前往特教中心陪伴残障儿童，到单独带领团队赴山村支教，再到组织社团同学共创公益项目，他为社团发展付出了诸多心血，也收获了一帮知心好友。每当说起大学里最难忘的事，他和朋友们总会讲起一次次熬夜通宵做项目时的心酸和快乐。

从班级团建到师生趣味运动会，从校园募捐到敬老院慰问老人，付浩然积极策划着每一场活动，凡事想做得更多、更好一点。他用热爱和梦想给未来铺路，用温柔和笃定支撑人生前行，付浩然永远在前进的路上不惧挑战。

虽然身兼多职，学生会和社团工作占据了大量的时间，但这并没有影响他的专业学习。四年里，他考取了多个相关专业证书，连续七学期综合素质测评被评为“优秀”，四次获校“三好学生”，曾获中国大学生自强之星奖学金、校优秀学生奖学金，并被评为山东省优秀毕业生。

每每讲到如何合理利用大学时间，付浩然总会这样和朋友们分享：“每晚睡前我都会思考今天做了哪些事，哪里令自己满意，哪里做得不完善，认真总结。同时还要做好新一天的日程安排，提前规划，做到心中有数。”

融入基层，把握大学“第二课堂”

2016 年 5 月起，付浩然组织学校同学，结合所学电子商务、市场营销、农业管理等学科知识，针对东北长白山地区农村土特产品网络销售现状开展相关课题展开调研，并组建团队于 8 月前往吉林省白山市所辖的 6 个乡村开展科技扶贫活动。

活动中，他的团队以长白山特色农产品为关注点，依托第三方网络平台，并利用微信、微博等新媒体进行产品宣传，将产品特色和民俗文化真正融入当中，打造品牌，提高销量。还通过大中型乡村宣讲会、“一对一”电商知识教学等形式，帮助当地百姓学习运用多种电商模式。科技扶贫活动得到团中央、白山团市委、抚松县政府等的支持，被新华网、搜狐网等多家媒体追踪报道。

然而，长白山电商扶贫只是付浩然参与的社会实践活动之一。学习之余，他还跟随学院导师，参与玉米规模化种植、渔业生产变迁等多个专业课题调研，在融入基层的实践路上，他不仅更加了解了基层民情民意，也迅速提升了自己的专业知识素养。

每次社会实践结束后，他都会在学院组织一场实践分享会，自己分享实践经历的同时，还会邀请学校其他优秀实践团队的成员前来交流经验，助力学院同学们更好地开展实践活动，真正从社会实践这个“第二课堂”中得到成长。

大学四年，从青涩到从容，从稚嫩到游刃有余，付浩然一直在自己选择的道路上不断前行。身后是锤炼，是阅历，是锋芒，是成长，他朝着梦想前进，不惧山河远阔。

农村助学，开设村小兴趣课

大学四年里，付浩然每周都会组织学生志愿者前往学校周边的农村小学开展常规义务教学。他一直坚持认为：“大学生发挥自己的特长优势，教农村孩子培养一些兴趣爱好，是一件很有意义的事。”他带领同学们走出学校，用课余时间给孩子们带去了一堂又一堂充实的兴趣课。

付浩然任学生会干部期间，每学期都会招募具有艺术特长的志愿者组建“红领巾行动”支教团，连续三年不间断地每天前往青岛城阳山色峪小学进行义务教学。为学校开设了“大手拉小手·乡村儿童特色兴趣课堂”，每天下午 3 点半至 5 点的放学后活动时间，他们都会针对一至六年级学生，分别开设国学、声乐、舞蹈、手工、球类、武术等兴趣课程，还专门开设了每周一节的科学实验课。“让村小的孩子也能感受兴趣课，帮助孩子们培养兴趣爱好”，是他三年来一直坚持下去的理由。

2016 年 6 月起，付浩然组织团队志愿者着手研究学习“儿童理财”相关资料，尝试在兴趣课中加入儿童健康理财知识，通过课程教授和活动体验，帮助村小的孩子们建立健康、正确的金钱观和消费观。

传播公益，打造山区儿童夏令营

大学里，付浩然坚持最久的事就是志愿服务。作为“手拉手”义务支教队的骨干成员，他曾三次前往不同的支教地，最远到达了距离山东 3000 千米的云南彝族农村开展山区儿童夏令营，平均每年用近一个月的时间与山区留守孩子一起生活、学习，陪伴他们度过了一个又一个孤独的日夜。

支教前期，付浩然与社团同学一起，画展板、贴海报、招募志愿者，组织支教队员培训和团建活动。“手拉手”的“微梦想认领”活动中，他与队员们一起帮助支教地的每个孩子实现一个小小的愿望，一双棉鞋、一只书包、一本百科全书……都是孩子们期待已久的礼物。

“用乡村夏令营改变传统的短期支教”，在这一理念的激发下，付浩然带领团队设计营会课程，用绘本阅读、趣味游戏等形式把支教活动串联起来。责任心促使他把支教前后的每一个细节都尽力做到完善，给山区孩子们带去了一场又一场充实丰富的夏令营。

与此同时，付浩然在老师的指导下，设计开展了“乡村儿童牙齿健康习惯养成计划”公益项目，并与志愿者一同开展活动，将项目落地实施。“你好，牙齿先生”主题营会里，他带领孩子认识牙齿结构，学习正确刷牙步骤，并联络当地政府为全体孩子发放近百套儿童牙具包。

2016 年 3 月起，付浩然与“手拉手”支教队的小伙伴以及思享读书会的同学一起开展了“BOOK 思易图书银行”青年公益创业计划，提出用手机平台串联起校园图书资源的想法，使校内课外书流动起来，助力知识共享，打造书香校园。

大学四年里，付浩然还曾多次参加公益基金会和社会公益机构开展的青年公益活动，在全国公益论坛中展示他和团队共创的公益项目，分享夏令营支教的点点滴滴，在与各高校大学生的交流中，传播志愿服务的理念，探讨青年公益的价值。

“大学要过得充实丰富，就要多做自己真正热爱的事情。只有做喜欢又有趣的事，才会收获快乐和幸福感。随着不断地思考、行动、总结，我们就会不断地收获和成长。只有这样，毕业后再回忆起来才不会遗憾。”付浩然用自己的勤奋和执着收获了别样的大学时光。

如今，他已成为一名国家公务员，并顺利考取了在职硕士研究生。梦，不会转眼无踪；爱，不会徒有虚名。在未来的道路上，他将循着心的方向，坚定勇敢地走下去。

郭光通:志愿少年的“野蛮生长”

■ 晏小迪　马　双　贾光辉

四年时间很短,无数片段被回忆杂糅成最常去的教室、最爱吃的餐厅;四年时间很长,用力催着少年成长。如果给你的大学四年贴个标签,你会选择什么词汇?把“野蛮生长”这个词用在邻家大哥哥似的郭光通身上看似不着边际,但除了“野蛮”,再没有什么足以形容他的成长。

来自园林与林学院风景园林专业2014级1401班的郭光通,人称“郭总”,因为他的大学总结起来就一个字——“忙”。忙志愿服务、忙社会实践、忙着去各大公司实习,天南海北统统不在话下。第三届南澳洲阿德莱德中国学生大使、第十六届亚布力中国企业家论坛优秀志愿者、世界休闲体育大会优秀志愿者、中国国际蓝莓大会志愿者、青岛市半程国际马拉松优秀志愿者、青岛市自行车骑行大赛优秀志愿者、青岛农业大学最美大学生志愿者……他的时间表里没有“空闲”二字。

志愿之路漫漫,吾愿上下而求索

何谓志愿者?何谓志愿服务?对于大多数人而言,这是一种光环,一段体验。

然而郭光通却说:“志愿者就是到最需要我们的地方去做需要我们做的事。”每段志愿服务的经历都是一种积累,通过不断的积累收获更多的能力和意义,从而也赢得更好的机会,结识更优秀的朋友,收获更广阔的平台。

郭光通最初接触志愿服务是在中国国际蓝莓大会上。那时他才刚刚进入青岛农大不久。不同于大多数新生面对国际性大赛时的望而却步,他心里的声音不是“我能行吗”,而是“不试试怎么知道行不行”！万事最怕少年勇,一腔热血做支撑。他试了,他成功了。“很感谢当时勇敢的自己,正是因为那次担任志愿者的经历让我彻底地爱上了志愿服务,也才有了后来的一切经历,没有蓝莓大会就没有现在的我。”变身志愿者对他而言有着特别的意义,“不仅实现了自我价值,开阔了自己的眼界,而且帮助了他人,结交到志同道合的朋友,何乐而不为？”蓝莓之夜的欢乐氛围,就这样深深印在了他的脑海里,开启了他的志愿之梦。

志愿之路荆棘,吾亦甘之如饴

郭光通说,志愿服务有一种魔力,让人上瘾到根本停不下来。而在他参与过的众多大型志愿服务活动中,让郭光通最难忘的还是2016年的亚布力中国企业家论坛志愿服务经历。“看到亚布力招募志愿者时我很兴奋,毕竟参加论坛的都是马云、刘强东、陈东升、王石等大企业家,有机会见到各行业的领军人物着实让我很心动,心想那就报名试试吧。”经历了递交简历、自我介绍、微博打卡、视频面试等层层筛选之后,超过1万名报名者中只有100人最终入选。当怀着忐忑而期待的心情收到入选名单的时候,郭光通如愿看到了自己的名字。“勇敢的尝试是成功的一半,尝试了可能不行,但不尝试一定不行。”就这样,在北风呼啸的寒假,当大多数同学正沉醉于温暖沙发和激烈手游时,他已背上行囊,带着家人的牵挂和朋友的支持独自踏上了前往冰城哈尔滨的旅程。

“那是我第一次只身一人出远门,从始发站到终点站,24小时的火车硬座都没能消磨我的热情。”一天一夜的硬座虽然疲惫,但抱着对终点站的无限期待,时间就在与形形色色的陌生人的交流中过去了。在此次志愿服务期间,郭光通主要负责会场布置和会场秩序的维护。每天早上天还没亮,伴着隐隐月光与凛冽寒意,他就已经来到会场做准备工作,直至凌晨才回去休息。每天17个小时的工作他从未喊过累,“只要能在志愿服务中发挥自己的一点光和热便会激动好久”。

志愿之路悠远，吾将“野蛮生长”

大三那年，郭光通作为山东省唯一入选者成功当选第三届南澳洲阿德莱德超凡体验中国学生大使，于2017年8月赴阿德莱德免费游学两周。在澳大利亚的两周里，他与来自韩国、日本、哥伦比亚等国的朋友们共同体验了南澳阿德莱德当地原汁原味的英语课程，与阿德莱德市长、南澳洲州长共进下午茶，环CBD骑EcoCaddy，与袋鼠比跳远，跟其他大使们一起逛“菜市场”，做比萨、巧克力。自带滤镜的澳大利亚风光，亲切友好的异国朋友，自由先进的教育理念，像一串串珍珠留在他的志愿者长河中。

“万事开头难，中间难，结尾更难。机会就摆在那，你不去抓住总有人会去。年轻最不缺的就是勇气，哪怕我们懂得少，但我们就像初生牛犊，没有那么多条条框框，没有那么多畏畏缩缩。”敢想敢做的执行力就像是郭光通与生俱来的一种特质。那年暑假，闲来无事的他心血来潮，骑上自行车开始了一场说走就走的骑行。没有计划，也没有目的地，他说他就想看看自己能骑多远。最终，这个“野蛮生长”的少年连续骑行了150千米，到达姐姐读书的城市，顺道探了个亲。

“我是一个热爱生活的人，我喜欢将自己的生活过得充实，一步一个脚印。”郭光通始终坚持着想做什么就要抓紧时间去做的原则，“很多事情不能只是想想，要拿出实际行动来。我一直都这么要求自己”。他曾在今日头条、仲量联行（世界房地产五大行之一）、校聘（北京）信息技术有限公司、百度等多家企业实习，还曾担任菜鸟汇青年社区山东省助理、赢在校园精英挑战赛执行方、Hellooffer校园主管、青岛市“百团公益”校园秘书长、佳年华协会副会长等职务。站在毕业的路口，面对各种机会和选择，郭光通告诉自己要静下心来，听从内心，选择真正喜欢、适合自己的工作，最终，他在2017秋招季拿到了融创地产、京东物流、令狐科技、支付宝口碑、万科等8家知名企业的Offer。

时光更迭，四年一瞬。“大学”对于郭光通而言是一个一切改变都有可能发生的地方。在青岛农业大学2018年毕业典礼上，郭光通代表毕业生发言：“对于我而言，青岛农大是一个让我放飞梦想、展现自我的地方。四年时间，我收获了荣誉，收获了成长，收获了友情，我变得更加自信，也开始具有国际视野。”从大一时在陌生人面前讲话手心会出汗到四年后在所有面试中无往不胜并乐在其中；从没出过省的青涩高中毕业生到四年后走南闯北、友人遍天下的“郭总”；从哈尔滨到广州；从青岛到澳大利亚，青农四年的所有经历都在潜移默化中改变了这个少年，让他有梦想也有能力向更高更远的地方发起新的冲刺。而作为融创地产的“传奇一代”，属于郭光通的新的传奇此刻才刚刚开始。

侯美美：青春路上的追梦人

■ 王汝雪　宋颖芳

侯美美，管理学院2015级市场营销专业学生，中国翻译协会会员，先后被评为2018年团中央全国“践行社会主义核心价值观先进个人”，青岛农业大学第十一届五四青年标兵，青岛农业大学十佳自强之星，青岛农业大学优秀学生标兵，上海合作组织成员国元首理事会青岛峰会优秀志愿者。先后荣获国家奖学金2次，团中央“中国电信奖学金·飞 young 奖”1次，优秀学生一等奖学金2次，优秀学生二等奖学金1次，院长奖学金1次等。

勤思苦研，不断前进

大学期间，侯美美一直把学习放在重中之重，从不会有一丝一毫的懈怠。为了更好地提高学习效率，首先，她提前预习知识，从而对老师要讲的内容做到总体把握；其次，课上认真听讲，遇到疑惑的地方标注下来，课下主动向老师请教；除此之外，她还时常与同学一起交流钻研难题，一起在互帮互助中提高。正因为她如此刻苦努力的学习态度，大学前三年她的学习成绩和综合素质一直位于专业前三名。

纵有疾风起，人生不言弃。虽无疾风，侯美美也同样没有停下奋力逐梦的脚步。她没有安于现状，而是在学习专业课程的同时，积极拓展专业以外的知识。比如她在大二学年主动学习了“初级会计实务”“税法”“金融市场基础知识”和“证券市场法律法规”等课程内容。终于，功夫不负有心人，她成功考取了初级会计职称证、证券从业资格证等资格证书。另外，侯美美极其注重英语方面的学习，在她看来，英语是一项不可或缺的能力。她曾在大一、大二学年连续四个学期修习“通用学术英语”课程，每次英语课坐在第一排的总是她，每天早上虹子湖畔背英语单词的也总有她。她热爱英语，在大二学年，分别以 624 分和 523 分一次性通过大学英语四级和六级考试，连续两年获全国大学生英语竞赛 C 类国家三等奖。同时，她凭借着在学术英语的学习中获得的阅读外文文献和英文论文写作的能力，在 2018 年美国大学生数学建模大赛中，成功胜任了论文写作和英文翻译的工作，还取得了国家三等奖的成绩。另外，她自学商务英语和翻译课程，先后取得了 BEC 剑桥商务英语中级证和全国翻译专业资格三级笔译证，于 2018 年通过中国翻译协会审核，加入中国翻译协会，成为专业翻译机构认证的会员。

绚烂青春，奋力追梦

心有多大，舞台就有多大。侯美美的舞台不仅仅在学习上，各类科技创新和社会实践活动也让她一展身手。在学院教研室老师的指导下，她共主持了 3 项大学生科技创新项目，任第一主持人 2 项，第二主持人 1 项，其中她所主持的项目“互联网 + 出租车新业态管制范式研究——以多维动态模型为视阈”已经被校专家组验收结项，以第一作者的身份发表了一篇学术论文。2017 年山东省大学生暑期“三下乡”社会实践活动中，她主持了“滴滴农庄——青岛市休闲农业发展现状调研”项目。作为小队长的她带领 12 名同学，头顶烈日，不畏酷暑，坚持调研走访青岛乐义现代农业科技示范基地等 6 个青岛市大型生态园区，也正是因为这份难能可贵的坚持，她的调研成果获校级三等奖，所负责的实践团队被评为校优秀团队，而基于本次调研所创立的创新创业项目“滴滴农庄”也因此被省委评为优秀项目。

海阔凭鱼跃，天高任鸟飞。侯美美积极走出校园，在社会这个大平台中寻找天地。2017 年 6 月于中国翻译协会理事单位译国移民翻译公司实习，于第二十二届、第二十三届国际渔业博览会为智利三文鱼出口公司 Multi-export Foods 担任展位翻译；2018 年 7 月经学校推荐选拔参加华东政法大学高端法律创新人才夏令营并顺利结业，被评为优秀营员；2018 年 6 月于上合峰会中担任会议志愿者，在峰会媒体接待中心接待国内外媒体记者。她在青春追梦的道路上，展翅翱翔！

在紧张而忙碌中不断充实自我，这是侯美美大学生活的真实写照。青岛农业大学厚德、博学、笃行、致远的校训造就了她知行合一、坚定信念、开创未来的品质，团结、勤奋、严谨、创新的校风也必将引领她走得更远！

李冰洁：纷纷万事，直道而行

■ 陈娅旗　张　洁

李冰洁，合作社学院农村区域发展专业2014级学生。在大学期间，李冰洁先后加入了青岛农业大学学生会、大学生志愿者联合会、三农学会等组织；2016年9月担任青岛农业大学第七届大学生志愿者联合会主席。她在校期间积极参加志愿服务活动，用自己无悔的青春谱写出大学生活的炫丽篇章。

注重技能培训，提升综合水平

李冰洁在校期间非常注重培养自身的综合能力。她通过主动参加各项培训活动来提升自己的综合水平，如“青年赋能培训”“大学生创新创业培训”“领导力培训”“志愿服务交流培训”“山东青年志愿者骨干培训班”“青岛高校志愿服务论坛”“青岛市青年志愿者培训班”以及“学生干部培训班”等。这些培训让李冰洁的视野变得更加开阔，各种技能水平也有显著提高。

她热爱学习、勇于创新，积极参加各种比赛。在校期间经常能看到她抱着电脑在各种场所忙碌穿梭以及她和团队小伙伴商量策略、讨论问题的身影。在她看来，比赛并不只是为了获得荣誉，而是通过比赛锻炼自己、提升自己的能力。通过努力拼搏，她们团队曾获得“挑战杯全国大赛二等奖”以及“美丽乡村规划大赛”团体优胜奖、“市场营销大赛”团体奖等。

提升志愿服务意识，积极带动身边同学

志愿服务大概是她在学校里最热爱的活动了。在老师的指导帮助下，她和她的小伙伴们积极配合举办了“志青春志愿服务论坛”“志愿服务交流会”“走向西部动员会”等，让学校里更多的人能接受各种不同的志愿服务理念。担任学校志愿服务社团负责人期间，她和学校 15 个校级志愿者协会、41 个院级志愿者协会参与各种志愿服务 100 余次，累计志愿服务时长超过 3000 小时，受益人数达 2000 人次。

她把宣扬“奉献、友爱、互助、进步”的志愿服务精神作为自己的责任，为构建“志青春”志愿服务体系贡献出自己的力量，通过自身的行动为学校的志愿服务制度化贡献出微薄之力。她参与修订了《志愿服务社团星级评定管理细则》和《志愿服务管理条例》；参与编辑了《志青春画册》和《志愿服务手册》等。

组织参加大型志愿服务，展示当代青年形象

她在活动中努力提升自己，帮助他人。李冰洁先后担任了国际半程马拉松志愿者、青岛市民节志愿者、青岛元旦交响乐志愿者、中国迷笛音乐节志愿者、青岛蓝色经济洽谈会志愿者等，在志愿服务的过程中，她从不觉得辛苦，全力享受志愿服务的过程。她认为，在这些大型志愿服务中，一个志愿者的工作态度展示的不只是学校的形象，更是代表着中国当代青年的形象。

李冰洁曾获得山东省优秀青年志愿者、城阳区阳光 100 青年代表、青岛（城阳区）市民节优秀志愿者、青岛农业大学最美大学生志愿者等荣誉称号，这些称号正是对李冰洁志愿服务活动最好的肯定。

参与社会实践活动，专业助力精准扶贫

利用所学专业知识，李冰洁积极参与支农支教、助老扶残、精准扶贫活动。她曾参与大学生“三下乡·千村行动”实践活动、“山东省微观经济数据调研”实践活动。在实践过程中，为贫困户送温暖，看望孤寡老人，发起爱心众筹，助力精准扶

贫。李冰洁利用她参加志愿服务的经验在当地开展了支农支教、文艺汇演等内容丰富、形式多样的志愿服务活动，并且取得较好的效果。她和其他志愿者们爱心募捐建立“虹书屋”，满足了孩子们对文化的需求和对知识的渴望；为残疾人办残疾证，为二级以上残疾人员申请相应补助等，一定程度上缓解了他们的经济困难；他们结合专业知识和学校资源为当地农业产业升级与转型提供专业建议，帮助了当地四户村民实现脱贫致富。在下乡实践过程中，她能够做到把志愿服务与专业知识相结合，一场为期三年的精准扶贫，使得志愿服务地滕州河北李庄村发生了巨大的变化。

继续丰富自己，始终在路上

李冰洁说：“大学四年转瞬即逝，未来人生之路更加遥远漫长，纷纷万事，直道而行。”面对以往的成绩，李冰洁没有显示出丝毫的骄傲和自豪，反而更加沉着冷静。她深知：四年的大学生活只是她人生中的一段旅程，往后的路还很长，要想继续丰富自己的人生，就必须加倍努力，奋力前行。

李静：所走过的路，每一步都算数

■ 杨　帅　刘翔宇　张　洁

李静，合作社学院农村区域发展专业2013级学生，发展经济专业1302班学习委员，校级社团三农学会第九届会长。任职期间，带领社团获山东省青年志愿服务项目大赛银奖，策划并组织实施的支农项目“足迹入乡村，爱心助三农”获青岛华泰公益基金的专项支持，多次组织并参加社会实践活动。2017年9月，考取中国人民大学的硕士研究生，继续本专业的研究与学习。

一路走来，一路花开

李静初入大学时，和大多数同学一样，不知道究竟如何“读大学”，有过迷茫与不知所措，但她很快便调整过来。在大一期间，李静加入了院学生会和三农学会社团，虽然一边是学生会工作，一边是社团工作，可她不但两边的工作都没落下，学习成绩还保持在班级前列。或许工作有点忙碌，但她每一天都过得很充实，课余时间她还参加了很多比赛，一方面拓宽了自己的视野，另一方面也很好地锻炼了自己，用她自己的话来说就是：“但凡用心经历过的，成长自会在心中。”

然而，很多时候她也会和大多数同学一样感到困惑：“我能做什么？”虽然她写过很多的策划方案，组织过很多活动，参加过很多比赛，可是在面对“我能做什么”时，她竟然不知道如何回答自己。不久，李静在三农学会找到了答案。在听学长学姐说到三农学会时，不禁被其下乡的故事所感动，特别想去下乡实践。在学长学姐的带动下她也参加了社团活动，参加多了就慢慢成了习惯，习惯在坚持下就变成了责任，从一个队员到队长，从干事到秘书长再到会长，这一路她为自己喜欢的事情而忙碌，用李静自己的话来说：这是一件幸福的事情。

她说：“我之所以能自信地应对考研，应对复试，所有的都是我的社团带给我的，因为它给了我无数次站到台前的机会，给了我很多次分享社团故事的机会，谢谢三农学会的平台，让我成长，让我认识自己，让我能够做一个用实际行动带给别人小小勇气的人。”

爱心谱写青春，实践助力成长

每年的寒暑假她都会去参加三农学会组织的下乡活动。活动地都在省内偏远落后的农村，贫困一直制约着当地的发展。村子里的孩子们对知识的渴望、对外面世界的向往彻底打动了她，她发现自己原来可以做这么多，这里的孩子们是那么需要自己。大学四年来，她给孩子们带去了一节节生动有趣的拓展课，给他们留下了一个个美好而难忘的记忆。另外，针对当地村落空巢化的特点，她带领队员们经常陪村里的老人们聊家常，并自费给当地的老人们拍摄寿星照数百张，满足了很多村里的老人一辈子没拍过照想要个照片的愿望。

为了让村子里的孩子们有更多的书可读，2014 年 12 月 9 日，她和三农学会的小伙伴们到城阳区实验中学组织图书募捐活动，一个小时收到实验中学师生捐赠的爱心图书近 1500 册，累计收到捐助的图书 2000 余册，并陆续在菏泽地区的 3 所农村小学建立了“乡村图书角”。

她策划并发起了“足迹入乡村，爱心助三农”支农项目，2015 年 5 月获得了青岛华泰公益基金的专项基金支持，2015 年 8 月，在山东省首届青年志愿服务项目大赛中斩获银奖。

相对于获得的荣誉，李静说自己做得太少了，她还想为村子里的留守儿童、空巢老人多做一些事。2015 年 11 月，在一次偶然的机会中她作为山东省支农社团代表去北京参加活动，一位清华大学教授的话点醒了她：“据统计，现在的名校如清华、北大、人大甚至农大（中农），来自农村的学生不足 30%，甚至不到 20%，那以后谁为我们的农民代言呢？”来自农村的李静听到这句话有些许伤心，也有些许不甘心，那时候她便暗下决心：无论以后还是现在，都尽自己所能为农村的留守儿童和空巢老人多做一些实事。

因为她坚信：即使没有能力去改变，也有责任去关注！

心有猛虎，细嗅蔷薇

一路走来，她不忘初心，勇攀高峰；一路实践，一路花开。她说，未来让我们一起相信遇见。中国人民大学，是很多学子的梦想，而一开始她也不确定是哪里来的勇气，只是想要去试一下，要不怎么把握奋斗的精彩！

有人会花费大量的时间在想什么有用，什么没有用，然后再去行动，她认为这是对的；考虑好了以后行动，可能会让我们少走很多弯路，然而用适合自己的方式走自己梦想的路，这是考研教给李静的。在做出选择之前，她也在想，自己适不适合考研，喜不喜欢研究生生活，但下定决心后，就不撞南墙不回头。一路走来，考研有很多的累与心酸，但在这期间她很清楚地知道自己每天要干什么，虽然只是“三点一线”的简单生活，是学无止境的专业课、记不完的单词，是不考虑吃什么的随意，只要快一点能有饭吃就好，是只要有点时间睡觉就好。

在这一个过程中，她感受到了自己的变化，实实在在地感觉自己安静了很多，会更快地走进书里，会更安静地想想自己该做些什么，在不知道要干什么的时候，在笔记本上写下自己要完成的事情，然后再告诉自己，开始就好。在她眼里，考研或许要比高考容易一些，它不是千军万马过独木桥，更像是以结果来检验成年后的自己所做出的努力。

时光走得很急，怎么会停下来等迷茫中的人想好了后再走呢？很多时候，我们都习惯了考虑这件事对自己是否有用？社会实践有用吗？学生会有用吗？社团有用吗？读研有用吗？可是李静说，自己的思考和对专业的认识来源于社会实践，也让她敢站到台前表达自己。她表示自己很感谢曾经肩负的责任，这与她的社团故事有关，这和她在大学里面经历的社会实践、学生会工作以及考研的那段时光有关。

回顾大学四年的经历，她说：“生活是简单的，因为它从来没有告诉我们该走哪条路，该如何走好这条路。而所有我们走过的路，回头看一下，原来每一步都算数。慢慢经历，到最后你会发现：坚持自己的选择，并为之竭尽全力，这些经历都会以你意想不到的结果回馈你的努力！”

李梦真:你若芳香,蝴蝶自来

■ 王　敬　杨舒桐　马　双

花香是酝酿来的,幸福是奋斗来的。若要选出人一生中最勤奋的时光,很多人会回答是大学时代,因为那时的我们最纯真,有理想,敢追梦。我们在象牙塔里努力奋斗,希望能在未来追求属于自己的幸福。在青岛农业大学生命科学学院,李梦真用她刻苦努力的奋斗换来了属于她的幸福。

享受学习,学习是快乐的

从高中进入大学,没有了各科老师每天布置的大批作业,没有了自习课上同学们一起奋笔疾书的氛围,无数长期处于高压状态下的学子似乎一下子失去了生活的目标。初入大学,李梦真也不例外,她和其他同学一样也表现出对大学生活的无所适从。第一学期结束后,李梦真拿到了自己的成绩单。当看到自己惨不忍睹的成绩时,她失落极了。第一学期的失利让她难受了很久,但是坚强的追梦人不会永远消沉下去,相反,他们会以挫折为动力,更加坚定自己的信念。李梦真也并没有因此而气馁,她开始进行反思,并暗自下定决心在接下来的时间里要静下心来努力学习,为自己的未来而奋斗。

第二学期,李梦真改变自己被动的学习方法,开始主动学习。她积极融入课堂中去,课上跟着老师的节奏,与同学们交换想法和意见;课下就去图书馆继续钻研,不仅将课堂上的知识充分消化吸收,还通过相关资料向外延伸,努力了解更多的专业知识。在李梦真看来,老师课堂上的讲解固然重要,但是自己的独立思考更重要,只有经过独立思考,才会对知识点产生更深刻的印象和拥有自己独到的见解,将知识内化,从而达到应用自如的效果。功夫不负有心人,经过一个学期的刻苦努力,在第二学期期末考试中,李梦真取得了专业成绩第二名的好成绩。成绩的提高极大地提升了李梦真的自信,也更加坚定了她追梦的决心。

通过之前的经验积累和更加刻苦努力的学习,李梦真在第三学期和第四学期中均取得了专业第一的好成绩,这个开始并不能很好适应大学学习生活的女生通过拼搏奋斗实现了质的飞跃。在大学期间,李梦真多次获得优秀学生一等奖学金,两次获得国家励志奖学金,一次获得国家奖学金等奖励,还获得了省级优秀学生、省级优秀毕业生等荣誉。

当大家对李梦真的优异成绩投来羡慕的目光时,她毫无保留地将自己的学习方法和心得体会分享给大家,并告诉大家"学习本应是一个快乐的过程"。学会享受学习,是李梦真追梦的第一步。

敢于挑战,没有不可能

生活充满挑战。面对挑战,有的人畏首畏尾,而有的人勇往直前,无所畏惧,李梦真就是一名敢于去接受挑战的勇者。大二下学期,学院计划组织部分同学前往中国农业大学进行为期一年的交流学习,得知这个消息后,李梦真十分兴奋,将这次交流学习的机会当作一次挑战。前方困难重重,李梦真依然选择勇往直前。

大三伊始,她来到了中国农业大学开始了为期一年的交流学习。在这里,她必须适应英文教学模式,提高实验技能,而且由于两个学校之间教学大纲的不同,她还必须补习大量没有学过的专业知识。勤奋的她制定了一个作息表,除了上课做实验外就是学习英语和专业知识,每天从早到晚时间被安排得满满当当,回到宿舍继续学习到凌晨也是常有之事。这样的日子自然是异常艰辛,但她依然乐在其中,怡然自得。

李梦真喜欢在实验室里学习,因为实验结果的未知性和研究内容的前沿性总能给她带来不一样的感觉。交流学习期间，她得到了在农业技术国家重点实验室进行科研训练的机会，在这里，她从最简单的实验学起，不懂的地方就虚心向老师和同学请教，积极对实验方法进行反思和改进。就是凭着这种从基础抓起、不怕苦不怕累的拃劲儿，她的科研素质在学习的过程中不断提升，同时也坚定了她继续深造的决心。

她在中国农业大学学习过程中也面临着诸多挑战。她积极参与课堂Presentation，制作课件的过程中，她总是反复讲给自己听，从听众的角度去改进课件，力求能让听众理解自己表达的意思；在展示过程中，她能将自己掌握的知识完美展示给其他人，清晰的表述总让同学们很容易理解。课堂Presentation的经历拓展了她的知识面，锻炼了她阅读英文文献的能力，特别是提升了她的中英文语言表达能力，着实让她受益匪浅。

“宝剑锋从磨砺出，梅花香自苦寒来。”经过刻苦努力的付出，李梦真在中国农业大学生物学院的期末考试中，取得了专业第一的好成绩。对于一个外校插班生来说，能够取得这样的成绩实属不易。但这还不够，李梦真同学在交流学习结束后又开始准备报考中国农业大学的研究生。又是无数个日日夜夜的勤奋学习，在学校图书馆五楼，每天都有她埋头苦读、锐意进取的身影，在深夜安静的自习室里她挑灯夜战。最终，她交上了一份满意的答卷，顺利考入中国农业大学生物学院。

全面发展，综合提高

踏实能干的李梦真不仅在学习上表现突出，她的综合能力也倍受老师同学的赞赏。她在大二担任班级生活委员期间，严格要求自己，积极为同学们服务，关心身边的每一位同学，以饱满的热情对待每件工作，培养自己的团队精神，与其他学生干部密切合作，得到了老师和同学们的广泛好评，获得优秀学生干部荣誉称号。

在一次以关爱老人为主题的社会实践中，李梦真和其他同学一同来到夕阳红敬老院。在这里，她积极主动为老人们打扫卫生，陪老人们聊天娱乐，主动了解老人们生活方面存在的一些问题，获得了大家的赞赏。在志愿者的岗位上，也经常能看到李梦真的身影。在暑假期间，她连续两年担任国家生源地助学贷款志愿者。在志愿工作期间，她认真负责，全身心投入，以饱满的热情和高效的工作，获得他人的一致好评，并获得优秀志愿者的荣誉称号。志愿服务不仅是她为社会做出贡献的一个途径，也是她加强与他人交流的平台。她曾说：希望以后能终身加入到志愿服务的队伍中。“赠人玫瑰，手留余香”。李梦真在完善自己的同时也不忘心系他人，永远以一颗热忱的心去对待世界。

没有一个人的成功是随随便便唾手可得的，在追梦的过程中我们难免会遇到或多或少的困难险阻，但畏首畏尾永远也不可能抵达终点；尝试的路途上我们也许会遭遇无数难以预计的惨痛失败，但消极放弃永远也无法找到打开成功之门的钥匙。持之以恒，坚持不懈，是李梦真不断进步的诀窍。“一分耕耘，一分收获”，这位执着坚定的女孩正充满希望地大步迈向明天。

李蓉蓉：梦想以提升热忱，毅力以磨平高山

■ 刘 璐 迟灵芝 赵孟浩 贾光辉

“人可以输在起跑线上，但绝不能输在转折点上。”她始终寻着青春梦想的足迹，越过千山万水，遍历心灵的荒原，播撒着努力的汗水。

李蓉蓉，中共预备党员，山东省聊城市人，国际教育学院国际经济与贸易专业2015级学生，曾任院学生会副主席兼秘书处秘书长、班级团支部书记。入校以来她勤奋向上，脚踏实地，锐意进取，知行合一，在追求梦想的道路上披荆斩棘、坚守初心，给自己的大学时光交上了一份满意答卷。

Stay hungry, stay foolish

“Stay hungry, stay foolish”是李蓉蓉的座右铭。高考成绩的不理想并没有让她在大学里灰心沮丧，失去斗志。她深知，大学是人生的新起点，而起点的高度并不能决定人生的高度，唯有保持“饥”“愚”的态度，求知若饥、虚心若愚，才能在青春的战斗中打一场漂亮的翻身仗。

求知是学生的本职，是大学生涯中最艰辛、最持久的战役。李蓉蓉对这一点十

分清楚。“大学的学习生活和高中的学习生活相比，虽然有一些不同，但两者的本质并没有太大的区别。在大学，学习更多的要靠自己争取，比如为自己争取合适的学习环境，争取每门任课老师的空闲时间来为自己答疑解惑。其次，大学时期的学习方法应该是多元化的，我们不仅可以从课堂上学到知识，更可以通过各类活动来丰富自己的学习经验。再者，学习要有明确的目标和规划，要有独立思考问题、分析问题和解决问题的能力。”当提及学习方法时，李蓉蓉如是说。

同时，作为班里的团支书，她在完成本职工作的基础上，还积极活跃班里的学习气氛，经常与同学们交流学习经验，使得全班同学一起进步、一起提升。关于如何处理学习与工作的关系，她说：“学习与工作，在某种程度上并不会产生冲突。正确处理学习与工作的关系，既不要以工作为借口放松学习，也不要以学习的名义丢弃工作。怀着一颗学习之心来面对工作，就会顺利地解决两者的平衡问题。”

良好的学习态度和时间管理能力使李蓉蓉在2017年被评为山东省优秀学生，并连续三年获得青岛农业大学优秀团员、“三好学生”、优秀学生干部等称号，获得国家励志奖学金、校优秀学生奖学金等。

胸怀大志，锐意进取

作为一名学生工作骨干，在谈及工作方面的问题时，她认为：“勇于创新、活学活用的工作方法固然重要，但踏实负责、热忱认真的工作态度有时更重要。”

大学期间，作为学生干部，她在每一次学院和班级工作中都将踏实负责、热忱认真的工作态度展现得淋漓尽致。作为院学生会副主席兼秘书长，她认真负责地审核材料，配合老师的工作，做好上传下达的任务，与同学保持了融洽的关系。作为班级团支书，她时刻关心同学们的学习和生活，在同学中树立了较高的威信。

与此同时，她积极组织同学们参加“走出宿舍，走进操场”“快乐班级”和中外学生联谊晚会、中外学生“结对子”等活动，并取得了令人满意的成绩。此外，李蓉蓉还带领学院两次获得“体育道德风尚奖”、两次荣获纪念“一二·九”团体活动亚军、校情校史大赛一等奖等多个团体荣誉。“在工作中吸取教训，不断提高自我。”这句朴素的话贯穿了李蓉蓉大学三年的学生工作生涯。

知行合一，学以致用

“大学就像饺子，知识是皮，经历是馅儿。酸甜苦辣皆为滋味，毅力和信心正是饺子皮上的褶皱，大学生活中难免被狠狠地挤一下，被开水煮一下，被人咬一下，倘若没有足够的经历，硬装成熟，总会有露馅儿的时候。”李蓉蓉借用了别人常说的一段话来描述大学生活。大学，最少不了的经历便是社会实践。

在2016年暑假社会实践活动中，李蓉蓉参加了“外国人眼中的山东”实践团队。她作为队长，为实践团队定主题、写策划、做分工，在酷暑难耐的天气里带领团队对潍坊、泰安、烟台、济南等地的外国人进行主题采访，其团队获得山东省大中专学生志愿者暑期“三下乡”社会实践优秀团队的称号，同时也获得了校级社会实践优秀个人称号。她坦言：“通过这次社会实践活动，我们不仅更好地了解了外国人眼中的大美山东，而且也积极推动了山东文化走出去。”

在2017年寒假社会实践活动中，她参加了小候鸟支教志愿队，第一次来到山区，第一次看到山区中的艰苦环境，也第一次看到山区中孩子们的纯真和善良。她感慨地说：“山区孩子的淳朴善良总会让我忘记支教环境的艰苦，他们内心深处渴望得到关爱，渴望获得知识，这时时刻刻提醒着我：选择支教是正确的。支教活动对我来说是一份心灵的洗礼，对孩子们而言则是放飞梦想、放眼未来的机会。”

丰富多彩的社会实践经历引导她不断地学以致用，不断地获得经验、汲取养分，对她而言更是一笔宝贵的人生财富。

仰望星空，脚踏实地

令很多人不解的是：作为一名各方面都比较突出的优秀学生，在国内发展想必已是上上之策，为何还要花费精力去考雅思出国留学呢？她回答说：“人生的每个路口都有奇特的际遇，留学便是其中之一。我想感受一下国外的文化，学习不一样的思维方式，将出国留学作为一种新的动力。”

当然，以雅思6.0的分数考入澳大利亚阿德莱德大学并不是一件容易的事情。她回忆说：“刚开始学习雅思的时候，我的愿望很简单，就是通过日常学习考取一个比较高的分数，申请到自己满意的海外大学，但随着时间的推移以及课程难度的不断加深，感觉自己在口语和听力方面遇到了瓶颈，日复一日的词汇背诵也变得枯燥了。但我并没有因此放弃，我利用空闲时间观看英文电影，遇到生僻词汇便记录到笔记本上方便日后背诵，这种方法慢慢地提升了我学习雅思的兴趣，让我慢慢坚持下去。”

“痛并快乐着”可能就是李蓉蓉雅思学习过程的代名词。没有这段感慨万千的经历，也不可能让她穿梭在海外校园中探索求知。功夫不负有心人，当拿到阿德莱德大学的offer时，她的内心百感交集，这一份沉甸甸的offer意味着她将挑战未知，意味着她必须跳出自己固有的舒适圈，让一切翻盘重启。

对于留学，她说：“其实，我学到的就两样东西：一种是被放到任何国家任何陌生的地方都能生存下去的能力；一种是名车豪宅都动摇不了的愿意每天坐公车去追求简单梦想的平淡心态。”而这两样足以让她受益终身。

李淑杰：公益实践中的自我成长

■ 徐　旻

李淑杰，2017年毕业于化学与药学院制药工程专业，现为北京益微青年公益发展中心项目主管。在校期间为“手拉手”义务支教队2015届会长，是社团转型时期主要负责人，带领社团从传统支教向“主题+”乡村夏令营模式转变。曾作为主要负责人参加2015年山东省志愿服务大赛并荣获银奖，参加上海灵青社会创新比赛获奖，参加2016山东省“创青春”公益创业赛荣获银奖。

初入社团，感受张力

到目前为止，李淑杰印象中最深刻的事情还是大一在3号楼办活动摆摊的经历。在那时，与“手拉手”最初接触的她，在周末清晨舍友们还在睡懒觉的时候，就搬着自己的凳子按时来到“手拉手”开展活动的地点。初入社团的她，会考虑很多事情。是否能够与一起值班的小伙伴完成今天的活动任务？如何在3号楼人流量比较大的时候吸引大家来关注“手拉手”活动？如何介绍“手拉手”？……第一次直面这些问题的时候，她坦言：“我感受到了内心的张力，当我们的现实和理想有了差距之后，便产生了张力，而成长也是在那个时候发生的。”她不断提醒自己要去感受张力，并且走出自己的舒适圈，不断突破。

从开始的见人发怵到后来大方地讲解活动、介绍社团项目以及在参加省赛做路演时的流利介绍，李淑杰在“手拉手”社团活动感受到了张力，走出自己舒适区而获得了锻炼。“在社团的经历让我开始接纳张力。现在我工作时，张力时常会出现，又会消失。与初入社团不同的是，它让我再次面对忐忑和困难时，能够快速地接受。”现在，李淑杰的工作中有很大一部分是与开展乡村夏令营的大学生接触，她在与他们交流时也会多多鼓励，支持现在的大学生多做一些线下活动，进一步感受张力。

承担责任，突破自我

加入“手拉手”后，李淑杰也会对社团的工作有一些疑惑，出现过失误。但那一次“拖稿”的经历，却让她看清了自我的定位，明确了加入“手拉手”肩上所承担的责任。“其他的小伙伴活动结束之后可以休息，而我却坐在电脑前撰写新闻稿到深夜。当时特别想拖着稿子，也不明白一篇稿子到底能够为社团带来什么。但是与指导老师交流了一番之后才发现，将我们所做的事情写成新闻稿传播出去，也是对这个项目的一个总结和交代。我们平时的新闻稿其实凝结了许多人的付出，希望我们所做的事情能够带动更多的人参与进来，传播公益、志愿服务的理念。同时，也让我看到了自己在社团中的位置，明白了自己应该承担的责任。”有的时候惰性是会存在的，就像在临沂支教时她也会赖床，不想早起，但一想到作为队长肩负的责任，还是一下子从床上坐了起来。“突破一开始其实很难，但你一旦做到了，后面的事情也会变得十分顺利。”正是这份责任，李淑杰从大一的“小白”一路走到了大三“手拉手”义务支教队会长的位置，这也与她敢于承担责任、不断突破自我是分不开的。

多样经历，收获满满

大二的暑假是李淑杰过得最充实的一个暑假。在支教的同时，山东省志愿服务大赛的项目也展开了，这对于“手拉手”义务支教队是一个难得的展示和学习机会。而李淑杰作为项目的主要负责人，应当同其他参赛队伍一样，留校做参赛准备，但这与暑期前往临沂支教相冲突，“当时我想了许多，也纠结要不要因为准备比赛而放弃带队去临沂支教。但我觉得支教可以让社团得到更好的发展,对于省赛也是一个积累经验的好机会”。在比赛和支教的双重压力下,李淑杰选择了前期支教,后期结束之后立刻返校进行省赛的准备。“那个时候面临的事情有很多,一方面作为临沂的队长要考虑支教过程中的各种事情,还有省赛的筹划;另一方面作为负责人,应关注整个社团的暑期支教以及将来的发展。”面对一时之间涌来的各种事情,李淑杰有一些焦灼。“这么多的事情一时之间都开展,我当时有点崩溃了,只能见招拆招,完成一项任务的时候不忘鼓励一下自己,从而获得更大的动力继续去完成下一个任务。”

前往参加山东省志愿服务项目大赛时,李淑杰开阔了自己的眼界,从细节上看到了公益社团更大的发展空间。她从没想过比赛项目的宣传手册背后竟有如此大的奥秘。“我看到其他项目做的宣传手册,当时就震惊了。当我们还在发愁宣传手册是做三折页还是五折页比较好的时候,别人已经从其他方面开始创新了。当时我从赛场拿回一大包宣传品,研究了许多项目的宣传手册。”品牌传播成为她的爱好和工作特长,就是从那场比赛开始的。李淑杰以短期支教为起点,不断思考公益社团到底能给青年大学生带来什么。她开始不断拓展社团新的可能性。从成为队长、负责人再到参加比赛,李淑杰在陪伴团队成长的同时,这些丰富的经历让她有了不小的收获,她认为那段时间也是自己获得提升的一个时期。

明确方向,不断成长

毕业前夕,李淑杰参加了几家公司的面试,总觉得少了点什么,直到她看到了益微青年的实习招募。面对益微青年这样在北京发展得较好的公益组织,李淑杰心里有些忐忑,怀疑自己能否胜任实习生的工作。“当时十分犹豫,社团指导老师刘琨老师跟我交流了许多,在老师的鼓励下我决定试一试,就在截止日期之前递交了申请。”李淑杰成功申请到了北京益微青年公益发展中心的实习机会,现在是该机构的项目主管。2018 年 11 月,她作为总统筹,负责了第三届益微乡村夏令营发展论坛,为 100 余支大学生支教团队提供了一手学习资料,该活动受到乡村学校、公益机构、大学生社团的一致好评。

“我不知道未来会发生什么,我是否还会在这个行业,但我对教育公益的使命已被点燃,它感召我会一直往前走。”毕业之后能够在自己之前比较熟悉的领域工作,她觉得很开心。人生前进的道路或许黑暗漫长,但李淑杰相信,拥有方向和热爱便不会迷路返航。

刘卫秀：谦卑而执着，勇敢而无畏

■ 许菲菲　杨舒桐　马　双

刘卫秀，生命科学学院2013级创新实验班学生，连续三年专业成绩年级第一，2015年经学校选拔到中国农业大学交流学习一年，两学期分别取得年级第一、第二的优异成绩。先后进入农业生物技术国家重点实验室、北京大学麦戈文脑研究所、NIBS进行科研训练。2016年通过北京大学、清华大学、NIBS联合培养博士研究生项目考试，录取至清华大学生命学院继续深造。

“夜阑花期远，菁华岁月迁”，青春路上坚定前行；“青春几何时，黄鸟鸣不屑”，人生旅途勇往直前；“泥落画梁空，梦想青春语”，追梦路上锲而不舍。她有主见、有想法、思维敏捷、谈吐不凡，像一株空谷幽兰，敛去锋芒淡然绽放；她有梦想、有目标、百折不挠、自强不息，像一支寒冬傲梅，历经磨难芬芳自来；她有耐心、有毅力、奋发向上、追求卓越，像一根荒岭绿竹，出淤泥而清峻不阿。

笃实好学，出类拔萃

她自信自知，慎终如始。大学四年，刘卫秀收获累累硕果。连续四年专业成绩年级第一、校级“三好学生”、优秀团员等荣誉数不胜数。在学习方面，她非常注重效率，课上能解决的问题从不拖到课下；她拒绝“读死书”的学习方法，崇尚举一反三、学习一道题而解决一类题的学习方法。她善于思考、独特而高效的学习方法，让她不仅在青岛农业大学一直取得年级第一的成绩，也使她在中国农业大学交流学习的两学期仍能分别取得年级第一、年级第二的优异成绩，顺利取得两校联合培养的结业证书。

她还非常热衷于帮助其他同学。有一次期末考试，有四位同学找到她说自己“有机化学”这门课程没有掌握好，担心会“挂科”，于是刘卫秀便提出跟他们一起上自习，给他们讲解每一章的重点，并且告诉他们一定要有“做一道题，会一类题”的态度。经过近两周的补习，在期末考试中这四位同学最终都取得了满意的成绩。谈及这件事，同学们都很感激她，这样的带动作用也促使班级形成了良好的学习氛围。

大学四年中，她先后荣获国家奖学金、山东省十大优秀学生提名奖、山东省优秀毕业生等荣誉，被评为青岛农业大学2015—2016年度十佳大学生、青岛农业大学2016年度十大新闻人物，并作为2017届本科毕业生代表在毕业典礼上发言。

立志科研，全面发展

自大一开始，刘卫秀就积极进入学校的山东省应用真菌重点实验室，接受了系统的科研训练。大二独立完成小型实验项目“一株渤海未知菌株的16S rDNA分子鉴定”，同时作为主要参与人员申报了大学生科技创新项目“基于人肠胃黏膜上皮细胞损伤模型筛选评价食药用真菌天然产物活性成分的研究”。大三被选拔到中国农业大学交流学习期间，跟随国家青年千人计划获得者进行本科毕业设计。她立志科研，认为从事科研不仅仅可以获得能力的提升，更重要的是塑造了健全的心智，拥有了积极、乐观、有韧性的态度并养成善思考、会协作的好习惯。实验过程中不可避免地会遇到一些挫折，但她从不退缩、不慌乱，静下心来寻找解决办法，大胆假设，小心求证。在发现问题、提出问题、解决问题的过程中总能收获满满的喜悦，体会科研无穷的魅力。

生活中，她喜欢摄影，擅长写作，大学四年里更是积极参加演讲、摄影、志愿活动、知识竞赛等各种校园文化活动和社会实践活动，共获各类奖项几十余项。

破茧脱颖，谦卑执着

进入研究生阶段的她，全面探索自己的研究兴趣所在，希望能够为人类健康做出自己的贡献。凭借着优异的成绩，她定导在药学院院长实验室。在博士一年级时，她结识了很多优秀的师兄师姐，他们是清华大学学术新秀、清华大学研究生特等奖学金获得者，每个人都让她无比敬佩与崇拜，成为她博士生涯的榜样。她深知自己处在博士生涯的起点，所有的一切都已归零，她必须要整装待发，为取得让自己满意的成绩而不懈努力。她希望自己在那些安静的日子里既可以卑微如尘土，也可以刚毅如劲松。人生最美的风景一定是努力，努力是人生的一种精神状态，是对生命的一种赤子之情。所以，与其规定自己一定要成为一个什么样的人，不如磨练自己做一个努力的人。在全新的起点上，她抛却过去的种种荣誉，从零开始。

谦卑而执着，勇敢而无畏，是刻在她骨子里的气质。沉默时，低头行，不问果；荣耀时，不喧哗，自有声。我们期待那个一路走来不忘初心、坚定前行的她，终有一日可以如繁花般盛开。

刘香凝:心中有理想,脚下有力量

■ 许菲菲　张　佩　马　双

刘香凝,生命科学学院2012级生物科学专业创新实验班团支部书记。这个有理想、爱钻研的阳光女孩,辛勤耕耘,以梦为马,以笔为戟,从青农出发,奔向属于她的奋斗征程。

坚定理想信念,认真主动学习

2012年9月,怀揣理想,带着希望,刘香凝正式踏入了大学校园。在新的环境里,在新的起点上,接受新的机遇与挑战。大学生活充满新奇,她意识到要调整心态,转换角色,尽快适应大学生活,融入大学环境。这期间她经常和班里同学、学长学姐、老师家长沟通交流,并积极主动地带领班级同学参加集体活动,分享心得,增进了解,很快就适应了大学生活。

高尔基说过:"一个人追求的目标越高,他的才能就发展越快,对社会就越有益。"刘香凝在当年的开学典礼上作为新生代表发言时就引用过这句话,她用这句话不断勉励自己,认真学习,勤奋学习,自主学习。自习室里、图书馆里、实验室里,经常能看到她的身影；学术报告厅里，她凝心倾听大师的学术观点，徜徉在科学的海洋里；知识竞赛、技能大赛、创新大赛、英语竞赛，她积极参加；寒暑假里，她主动留守实验室学习实验方法和技能，利用假期开展创新课题研究。

功夫不负有心人，刘香凝连续四学年专业成绩稳居第一名，综合素质测评优秀，连续八次被评为校级“三好学生”，连续四次获得优秀学生一等奖学金，还获得优秀学生干部奖学金、优秀班主任助理奖学金、“蔚蓝·康地恩”一等奖学金以及校级优秀学生干部、优秀团干部、优秀学生标兵等荣誉；所在班级连续被评为校级先进班集体、先进团支部、红旗团支部、省级先进班集体；两次参加全国大学生英语竞赛，分别获得全国二等奖和全国三等奖，并以优异成绩一次性通过大学英语四、六级考试。2014 年刘香凝被评为山东省优秀学生，2015 年被评为青岛农业大学十佳大学生、青岛农业大学优秀共产党员，2016 年获山东省十大优秀学生提名奖，被评为山东省优秀毕业生，在校期间两次获得国家奖学金，获得各类校级荣誉 50 余项。

投身科研活动，奠定科研基础

大二时，刘香凝已经掌握了一定的基础知识和实验技能，决定参加山东省第三届生物化学实验技能大赛。她与学院其他两位同学组队，课余时间认真研究实验的初始方案。在最初阶段，她与队友们每天都在实验室里做不同的预实验，通过实验结果不停地修改实验方案，在半个月的时间里，一起分析实验数据，一遍又一遍认真修改，经常为了一个小小的步骤废寝忘食。顺利通过初试后，他们作为学院唯一一支代表队前往山东农业大学参加决赛。决赛期间，他们遭遇了种种意料之外的状况：仪器不足，设备型号与之前想象的不一样等，但他们通过艰苦努力，最终克服困难，从包括山东大学在内的 17 所院校的 30 支参赛代表队中脱颖而出，取得了一等奖的好成绩。这次与省内高校优秀学子同台竞技，让她收益颇多，不仅学到了新知识，还提高了自己的实验技能，增强了应对突发情况的能力。

这次大赛更加坚定了刘香凝走科研之路的决心，增强了她的信心，从此她更加专注于实验，逐步培养自身的科研能力，发掘自己的兴趣点，并得到了刘新院长的肯定和鼓励，对她提出了更高的希望和要求，激励着她向更高的目标迈进。

在科研训练中，刘香凝特别注重科研思维的培养和良好习惯的养成。在每一次实验前，她都会一丝不苟地将实验计划写好，并将整个过程在脑海中理顺一遍，充分理解和掌握每个实验细节、方法和目的。她的每一份实验报告都有对于误差和结果的详细讨论，在这一过程中她经常有新的发现，并且常常可以引导出下一步实验的方向。

实践出真知，努力就有回报。在校期间，刘香凝在学校组织的各项实验实训比赛中均取得了优异成绩。她利用 2012 年寒假和 2013 年暑假到潍坊北辰生物科技有限公司进行社会实践活动，撰写的社会实践活动调查报告获评校级优秀社会实践报告。申请的大学生科技创新项目“一种新型蔬菜抗冷剂的研究与制备”获国家级立项，申请的应用型人才培养特色名校建设工程大学生科技创新项目“葡萄糖代谢有关基因的克隆与表达载体的构建”获校级立项，并获得第十四届“挑战杯”——鲁信山东省大学生课外学术科技作品决赛三等奖。她平时十分注意整理相关的实验数据，在实验室老师的帮助下，2014 年在国家一级学报《植物生理学报》上发表论文《Ca2+ 位于 H2O2 上游参与 H2S 诱导的拟南芥气孔关闭过程》，2015 年在国家核心期刊《北方园艺》上发表论文《酿酒葡萄品种耐盐性的研究》，2016 年撰写的毕业论文《内源小分子化合物对 SOS2 的调控作用及 SOS2 下游磷酸化底物的筛选和鉴定》被评为山东省优秀学士学位论文。

珍惜交流机遇，寻求更高平台

学院为了创新人才培养模式、提高人才培养质量，开展了选拔一定数量的大三优秀学生到中国农业大学交流学习一年的项目。中国农业大学是我国现代农业高等教育的起源地，是国家“211”工程和“985”工程重点建设的高校。能够到这所名校学习，无疑是十分幸运的。经过层层选拔，刘香凝与另外四名同学获得了到中国农业大学交流学习的机会，这是学校历史上首次派出交流学生，是一次非常难得的提升自己能力的机会。刘香凝十分高兴，但高兴之余又有不小的压力，毕竟是第一批交流学生，有着怎样的表现至关重要，关乎着学校、学院声誉，因此必须加倍努力，把最好的成绩展现出来，在提高自己能力的同时，为学校增光添彩。

刘香凝与其他四位同学到中农大后便迎难而上，在选择班级时义无反顾地选择了中农大最好的班级——生命科学理科实验班，这个班是当年招生后又从全校考试选拔出优秀学生组建的实验班，每个人成绩都很优秀，在这样的环境中，学习压力可想而知。有压力就有动力，他们及时调整心态，勇于挑战自我，更加主动地学习，在更广阔的舞台上全面展示自己。经过一年的刻苦努力，他们取得了很好的成绩，圆满完成了交流学习任务，得到了中国农业大学生物学院领导的表扬：“青岛农业大学的学生是好样的！”

这次交流学习不仅让刘香凝开阔了视野，更重要的是面对面地接受国内一流专家学者的指导，在国家重点实验室、在更浓厚的学术氛围里、在与优秀同学的交往中，全面提升了自己的能力和水平。她在赵倩教授实验室参与了本科生能力提高项目“玉米 ZmZIP25 亚细胞定位和转录激活分析”，是项目组主要成员，提高了实验技术和本领，为将来的学习研究打下了坚实的基础。

大三暑假，刘香凝参加了中国农业大学暑期夏令营，在七天的时间里完成了选择实验室、导师面试、实验室体验以及最终复试等多个环节，凭借扎实的基本功，经过层层考核，她顺利取得了中国农业大学 2016 年直博研究生拟录取通知。

漫漫科研路，刘香凝怀着上下求索的心态去迎接知识的洗礼。如今，在中国农业大学植物生理学与生物化学国家重点实验室里，刘香凝继续用积极的心态和坚定的信念为提升自己、积蓄能量，连续两年获得研究生一等优秀学业奖学金。已经转入博士培养阶段的她，沉稳自如，正身披羽翼，插上腾飞的翅膀，准备翱翔。

每一个奋斗过的灵魂，都值得拥有青春的光芒，未来很长，每一个不曾起舞的日子都是对生命的辜负。相信在不久的将来，我们会看到刘香凝和她的理想一起发光发热，带着她的梦想在征途中傲然绽放。

刘亦明:让优秀成为一种常态

■ 王宏儒　谭亚男　嵇安奕

2018年6月27日,在青岛农业大学学术会馆第一报告厅,一位女研究生在2018届硕士研究生毕业暨学位授予仪式上慷慨激昂:“追忆往昔,那时的我们少年意气,心系远方;而如今,铁肩担道义,不负虹子情。当你我怀着一颗虔诚炽热的心走出校门、走向社会、走向未来,我们的身上又多了一张闪亮的名片,那就是——青农人!”话音刚落,全场响起了雷鸣般的掌声。发言人就是2018届山东省优秀毕业研究生、2017年国家奖学金获得者、2017届校研究生会常务副主席刘亦明。

在校园生活中,刘亦明扮演着多种角色。她既是同学们心中“完美”的班长,又是老师们眼中勤勉的学生,她的睿智与努力让优秀成为一种常态。“敬畏学术,追求卓越”是她刻苦勤奋的真实写照,荣誉嘉奖没有使她迷失前进的方向,她一直保持着谦虚谨慎的态度,以一颗赤子之心努力前行。

当之无愧的“班长大大”

每当谈起刘亦明,动漫与传媒学院的师生都会竖起大拇指,农业信息化专业

2016级的全体研究生更是会流露出骄傲的神情，因为刘亦明是他们心中完美的“班长大大”。每逢节日，刘亦明都会组织全班同学一起过节。教师节，大家一起去城阳批发市场为老师们挑选心意满满的鲜花；女生节，她带领全班女生欢度节日。农业信息化专业2016级在她的带领下，不仅在生活上充满仪式感，在专业和科研方面更是一丝一毫不敢懈怠。读研期间，全班专业成绩优秀，积极完成各专业老师布置的作业，全班在国家级、省级重点期刊上发表论文十余篇，主持省级、校级立项5个，2018年6月全班顺利通过论文外审和论文答辩，获得一致好评。刘亦明也先后被评为优秀研究生干部、青岛农业大学优秀共产党员。

敬畏学术的“学霸小姐姐”

在师弟师妹们的眼中，刘亦明是他们的“学霸小姐姐”，大学期间频频斩获优秀学生奖学金，读研期间先后在国家级、省级重点期刊发表论文6篇，主持并参与2项大学生科技创新项目。2017年的冬天，刘亦明获得了研究生国家奖学金。当她手捧两万元的奖学金在大家的祝贺下回到学院时却谦虚地说自己还有许多不足要改进，她笑着感谢学院和导师的栽培，笑着与研友们分享成绩的喜悦。在大家心中，她的笑容是那样明亮灿烂，就像她这个人一样，永远像“小太阳”照耀着身边人，她身边的人被温暖着的同时，也在进步。

她的导师马文杰教授曾这样评价她：“刘亦明是一个优秀的学生干部，她的可贵在于她对学术永葆一颗敬畏之心。”长久以来，刘亦明一直用“敬畏学术，追求卓越”来勉励自己，时刻提醒自己不忘来路，要处处以身作则。在她心中，学院的事、实验室的事、同学们的事，没有一件事是小事，她就是这样一个严于律己、宽以待人的“学霸小姐姐”。每当看到刘亦明指导师弟师妹撰写论文，大家都不禁佩服她的耐心与细致，大到文章的框架结构、小到标点符号的使用时，她都十分严谨。在她身上，我们可以看到一个研究生对学术的热爱之情。她一直以一颗自律之心，徜徉在学术的大海中，就像一个稳健的舵手，从不会迷失方向。

腹有诗书气自华的“才女”

古人言，“粗缯大布裹生涯，腹有诗书气自华”，这是很多人见过刘亦明后的深刻印象。刘亦明自幼喜爱读书，大学期间就担任校刊《虹子学苑》的文编，后成为solomo新媒体工作室的创始人之一，在新媒体运营等工作中有着出色表现。每当师弟师妹们向她请教，她总是谦虚地说自己也有不足，但倘若你让她推荐书籍，她便打开话匣，古今中外、南来北往，她一定会给你推荐不少好书。刘亦明时常说，“书犹药也，善读之，可以医愚”。正因为善读书、勤练笔，才使刘亦明成为大家心目中公认的才女。

在本科期间她专注于传播学、电影学的学习，还多次获得校最佳导演奖，一度成为《青农青年》的主持人与编导，但是在考研的时候，她还是选择了农业信息化专业，选择了留在母校继续攻读农业硕士学位，因为她认为农业传播学对于“三农”工作的建设具有十分重要的意义，作为新时代的研究生，只有将“论文写在田野里”才能收获不一样的人生精彩。也正因为拥有了本科期间传媒专业的过硬本领，读研期间刘亦明基于“互联网 +”大背景下，立足于乡村振兴的战略背景，将农业传播学、农村区域发展与“互联网 +”、云计算、大数据紧密结合，发表了相关文章，并指导了多家农产品企业的企划宣传工作。时任动漫与传媒学院分团委书记的嵇安奕老师曾说:“刘亦明是一个品学兼优的学生，她思想独立、气质出众，无论是学团工作中的学生干部，还是实验室里的研究生，她都做得尽善尽美。”

在青岛农大求学的六年里，刘亦明发光发热，将青春与梦想的使命牢记心间，2017 年她被评为青岛农业大学优秀共产党员，2018 年被评为山东省优秀毕业研究生。未来，优秀的她终将在人生舞台上绽放出青农人最美的光彩！

陆梦佳：时光不负赶路人

■ 杨　茜　李　梦　孙晓凤

大学四年，外国语学院英语专业2015级3班的陆梦佳一路成长，一路收获。她曾任外国语学院团委兼职副书记、外国语学院学生会心理发展部部长、英语外包1702班班主任助理，曾获国家奖学金、山东省高等学校优秀学生、上海合作组织青岛峰会优秀志愿者、校十佳大学生、校百优学生干部、优秀学生一等奖学金、校优秀学生标兵等荣誉，并于2017年12月光荣地加入了中国共产党。

在大学中，她沉淀自己，慢慢升华，让自己成为一束闪耀的光。她走过的每一个脚步，都稳健有力；她度过的每一天，都充实丰富。她的内心，始终充盈而坚定。

努力，只为遇见更好的自己

有人说，来到大学就轻松了。但陆梦佳自进入大学以来，一直在努力，努力让自己的大学生活不那么“轻松”，让自己更加充实、精彩、不平凡。

回忆起大学最初的那段时光，陆梦佳也经历过一段时间的迷茫、彷徨，但很快她就调整好了心态。从大一开始就积极参加学术类竞赛，“当时根本没有想到会获得名次，只是抱着试一试、长长见识的心态，却意外获得了‘外研社’杯英语阅读大赛校级二等奖”，陆梦佳说道。也就是这次比赛，增强了她学习的信心，激励她在大学里面稳扎稳打，一步一个脚印，努力提升专业知识与技能。

过硬的专业知识打下了坚实的基础，陆梦佳以优异成绩通过英语专业四级考试，获得2017年美国大学生数学建模大赛二等奖、2018年全国大学生英语竞赛B类三等奖、第三十届韩素音翻译大赛英译汉 & 汉译英校级一等奖……她在学习方面取得了骄人的成绩。谈及自己的学习心得，她表示：“大学的学习效率至关重要，学习的时候应合理分配时间，在计划时间段内全身心地投入学习。”陆梦佳每天坚持图书馆、自习室“双管齐下”，即使在学生会繁忙工作间隙，也会抽出时间学习，就这样一点一滴、日积月累，最后获得了质的飞跃。

陆梦佳还将英语学习运用到实践中，加入花火戏剧社，在舞台上自如地用英语演绎多部莎士比亚经典戏剧中的人物角色，在舞台表演中不断提升自己的语言综合运用能力。“一开始，会害怕，会胆怯，从起初的竞选角色失败，到后来每次都大胆地去尝试，努力琢磨角色，挤出时间排练，在一次次表演中全面提升自己并获得指导老师的高度认可和台下观众的一致好评，一切我都觉得很值得”，陆梦佳说道。

她深知，“不积跬步，无以至千里；不积小流，无以成江海”，所以她在学业上不断努力，不断钻研。“越努力，越幸运”，就是这样一句简单的话，陪伴着陆梦佳整整四年的大学生活，让她朝着自己的梦想奋力前行。

付出，在磨练中收获成长

大学是一个全面发展、铸锻人生的平台。在努力学习之外，陆梦佳还是一名优秀的学生干部。她认真负责，不计得失，无私奉献，以辛勤的付出和扎实的工作诠释了一名学生干部的责任担当。

陆梦佳曾担任外国语学院团委兼职副书记、外国语学院学生会心理发展部部长、英语外包1702班班主任助理。她也曾经是一个默默无闻的普通干事，然而一路走来，她认真做好工作中的每一个细节，对学生工作投入全身心的热情，既很好地提高了个人的工作能力、组织能力，也得到了老师和同学们的高度认可。

在院学生会部门工作中，她用一颗真心对待每一个成员，努力打造一个有温度的部门，曾连续一学期部门考评位列全校第一。在任职期间，她积极组织举办了多场特色活动：策划组织学院手语队参加校级比赛并获得佳绩，在新生入学时举办的班级创意合影活动微信推送点击量破万等。陆梦佳为学生会投入了太多的心血，无论是科技文化艺术节、心理健康发展月还是外语文化节，都有她忙碌的身影。“梦佳学姐能够耐心仔细地处理好每一件事情，面对棘手的事情，她不慌不乱，最后总能完美解决，让我们特别佩服，也是我们学习的榜样”，部门成员这样评价。

在青岛农业大学第二次团代会、学代会期间，陆梦佳担任联络员，细心核对每一项会议流程，保证了会议的正常进行。在担任班主任助理期间，她用自己的力量，尽力帮助新生解决各种困难，让新生们在进入大学后，感受到温暖。“虽然每天手机都有很多的消息要处理，但是能够给学弟学妹们带去一些帮助，能够把自己知道的尽可能告诉他们，让他们少走一些弯路，就觉得一切都是值得的”，陆梦佳如是说。

有人问：“学姐，你身兼多职，还每个都完成得这么出色，累吗？”

她说：“会累吧，但不后悔，因为责任，因为担当。逼自己一把，把别人做不了的事情完成，把别人做得了的事情做好，把别人做得好的事情做细致，这些都是最宝贵的财富。”肩负诸多责任，这不是件轻松的事，但陆梦佳没有胆怯退缩，反而以一腔热血投入工作，尽职尽责。

奉献，放飞激扬的青春

在校期间，陆梦佳多次积极参加社会实践活动。她用志愿服务舞动青春，用无私奉献回报社会。

她，2016 年参加第二十六次全国助残日青岛电视台千人手语展演志愿服务，得到青岛市残疾人联合会的高度认可。2017 年参加青岛农业大学“虹书屋”暑期支教，在菏泽房庄小学建立了第十所“虹书屋”。2018 年参加上海合作组织青岛峰会志愿服务，得到了中外媒体记者的一致好评。

陆梦佳总是对学弟学妹们说，大学期间，要多参加活动来提升锻炼自己，因为在活动中，不仅自己的综合能力能够得到提升，而且还能够结识到很多优秀的人。

在众多志愿服务经历中，陆梦佳对上海合作组织青岛峰会志愿服务的这段经历印象尤为深刻，她说：“前后三个多月的竞选、培训，到最后穿上小浪花的志愿者服装，觉得一切都弥足珍贵。在青岛流亭机场迎接中外媒体记者朋友，虽然很累，但每天都很充实、很开心。我永远也不会忘记，在最后送机的那一天，有个外国记者向坐在服务台的我们鞠了一躬，那时候，我深刻地感受到了他对我们志愿服务的认可，对上合峰会成功举办的认可。”

四年的大学生活见证了陆梦佳的成长，得到与失去、付出和收获之间总是对等的，命运不会亏待真正努力的人，时光也不会辜负每一个追梦者。她，正如清晨初阳，常思未来，不改初心；她，仍会迎难而上，跋山涉水，追逐梦想；她，眼神坚毅，步伐坚定，终会到达心中的地方。

亓铭松：越努力，越幸运

■ 邓　玉　韩雅雯

她有一口流利的英语，她主持过多次院级活动，她的大学生活充实而又精彩，她的目标计划分明而又有条不紊。她就是亓铭松，一个努力而幸运的女孩。

亓铭松，中共党员，建筑工程学院工程管理专业2013级团支部书记，曾担任院学生会副主席兼学习部部长等职务。曾获得校优秀团干部、校优秀学生干部、校“三好学生”等荣誉称号，所在团支部获得校先进团支部、校红旗团支部等荣誉称号。曾获得全国大学生英语竞赛C类全国赛区二等奖、青岛农业大学第十届科技文化艺术节“金话筒”主持人大赛优秀奖与辩论赛二等奖、最佳辩手奖等。

凡事预则立，不预则废

完美的计划需要一颗坚持的心。作为班级的团支书、前任学生会副主席、学习部部长，当被问及如何有条不紊地完成计划与工作的时候，亓铭松微笑着说：“其实，我是一个计划控。当明确了计划后，我会分清轻重缓急，一步步地前进，为目标付诸行动。”在她眼中，该处理好的事情没有处理好，不是因为时间不够，而是因为自己没有计划好。她建议学弟学妹们为自己设定近期、中期和长期目标，将大目标逐步分解，这样才能明确每一步，有条不紊地完成个人计划。

当被问到一直按计划行事是否会有忙到崩溃的时候，亓铭松笑道："当然了，有段时间，部门工作和考试同时进行，从白天忙到晚上，晚上继续通宵，真的感觉压力特别大。"高强度的工作更需要休息，热爱读书的她用阅读的方式缓解压力。读完100本书是她的大学计划之一。"人文素养和专业知识一样重要"，她喜欢纸质书拿在手中的真实感，喜欢书本中的笔墨意蕴，亓铭松建议学弟学妹们一定要经常去图书馆借阅书籍，去体会学问大家的智慧。

最好的思想在独处中诞生

不管是学生会工作还是积极参加各种活动并得到个人综合能力的锻炼，努力变优秀的路上并不是时时有人陪伴，更多的时候是一人独行。"孤独是大学的一门必修课。"确实，在大学中，每个人的追求、认知不同，并不是所有人都能够找到志同道合之人，有些路只能自己向前走。也许正如亓铭松说的，孤独的人不一定优秀，但优秀的人一定孤独。

她坦言自己很享受独行的过程。当一个人读书、一个人听歌、一个人旅游的时候，不仅仅是给自己创造思考的空间，更是灵魂与内心的对话。独行者往往走得更快，对于学弟学妹们，亓铭松建议，永远不要因为无人陪伴而辜负了一颗努力变优秀的心，坚持自己，独行的路上你会领略别人领略不到的风景。

自助者天助之

从加入院艺术团并多次主持学院举办的各类活动，到加入校报记者团，多次在校报上发表文章，再到成为学校"校园之声"广播电台的一员，用声音向同学们传播正能量，每一步对她来说，不仅获得了锻炼，更多的是接触到了优秀的人，保持着一颗渴望优秀的心。"在参加各类活动的过程中，你会发现优秀的人有很多，自己真的很渺小。""大学的魅力正是在于有无限可能。如果不去尝试，你永远不知道自己有多大潜能。"亓铭松建议学弟学妹们要勇敢地展现自己，积极参加各种活动，多和正能量的人接触，保持上进的心态。

其实，参加各种组织和活动的意义更多的是在于过程。在回忆她的大学四年经历时，亓铭松说："最好的结果是拼尽全力，享受过程。"也许付出不一定有收获，但不付出一定没有收获，这是她对大学生活的感悟，也是想要给学弟学妹的建议。

业精于勤荒于嬉，行成于思毁于随

她喜欢练英语口语、喜欢美剧。在大一的时候，亓铭松就凭借流利的口语加入了学校音维英语网络电台，成为一名英文播音员。同年，在全国大学生英语竞赛中获得C类全国赛区二等奖的优异成绩。关于练习口语的方法，亓铭松建议同学们通过看电影、听英文歌的方式提高英语水平。在看美剧、英剧的时候，试着模仿剧中人物的发音和语调，从而培养语感。在谈话中，亓铭松坦言，最初自己的口语也很差，正是因为小时候喜欢看迪士尼电影才对英语产生了浓厚的兴趣。

她喜欢思考，善于总结。对于学习，亓铭松认为思考和总结是十分重要的。在大学四年的学习过程中，不仅要有纵向思维，更要有横向思维。“其实很多课程都是相互关联的，每一门课程都有它存在的意义。”亓铭松建议同学们加强自我总结能力，在学习过程中，多联系和总结各种知识。

生命不止，奋斗不息

“大学给了每一个人锻炼的机会和无限可能。只要努力，每一个人都可以变成更优秀的自己。”亓铭松微笑着说。“多去图书馆感悟学习，去自习室体会那为梦想奋斗的力量，去参加各类活动与比赛勇敢地锻炼与展现自己。”

希望每一个人都能像亓铭松一样跟随内心，去做自己想做的事情，设定好明确的计划，坚定地走下去。

司聪聪：不积跬步，无以至千里

■ 唐婉莹　张玉静　王伟峰　田保玲

“1、2，1、2……”正值烈日当空，青岛农业大学虹子湖，一阵阵强有力的号子声响彻湖泊。龙舟上，队员们身着救生服，露出健硕的肌肉，随着号子的节奏时而前俯、时而后仰。22个人因热爱龙舟运动而相聚，其中作为主桨手的司聪聪，因对体育的热爱，而不惜汗水、不分昼夜地全身心投入训练中去，并在执着追求中收获了硕果。

司聪聪，中共党员，化学与药学院化学工程与工艺专业1402班班长，2016届院学生会副主席兼体育部部长，校田径短跨队队长，校龙舟队男子组主力队员。

爱岗敬业：累并快乐着

2014年11月，凭借着突出的体育才能，司聪聪加入校田径队，多次代表学校参加“久易农业杯”华东区大学生田径运动会、山东省“学校体协杯”大学生田径锦标赛、“山东科技大学杯”青岛高校田径运动会等各种市级、省级比赛，获得“青岛工学院杯”青岛市大学生田径运动会男子400米第一名、山东省“学校体协杯”

大学生田径锦标赛男子800米第一名、“海军潜艇学院杯”青岛高校田径运动会男子800米第一名等多项个人或团体荣誉。此外，在2017“中科信杯”青岛市第二届龙舟赛暨青岛大学生第二届龙舟赛中，他所在的学校龙舟队取得了22人职业组第一名的好成绩。

每一天都既忙碌又充实，他既承担着对田径短跨队的管理任务，也兼顾着学院体育部的工作，“为学校和学院出力，我很骄傲、很快乐”，他笑着说。运动会期间，指挥方阵训练、监督运动员训练、制订训练计划、安抚运动员等工作，他闷声扛着，亲自上阵，兢兢业业。烈日、黑夜，暴晒、雨淋，五环体育场、学院办公室，他忙碌的身影从未缺席，一心想为学院拿到好成绩。对校田径短跨队，他尽心尽责、倾心付出。他说：“运动是量变到质变的过程，只有日积月累的训练才能取得好成绩，没有理所应当的成功。我们一步一步地挖掘、训练运动员，看到学校、学院体育上的进步，感到自己的努力得到了回报。”

孜孜不倦：一步步攀登学习顶峰

谈及学习，司聪聪说，“学习如同体育训练，一刻也不能歇”。热爱体育、忙于训练的司聪聪从未疏于学业，反而成了学习上的佼佼者，他曾获国家奖学金、瀚生优秀学生干部奖学金、优秀学生一等奖学金等，荣获山东省优秀学生干部、百优学生干部、“三好学生”、优秀学生干部等多种荣誉奖励。

学习如逆水行舟，不进则退。司聪聪认为，只有学习才有出路，学习是大学时代的主要任务。在没有训练的日子里，在没有喧闹的教室里，总有他埋头苦读的身影，日积月累，渐达顶峰。“后来的你会感谢当初拼命的自己，”说起学习司聪聪便滔滔不绝，眼里写满鸿志。

严于律己：时刻不能松懈

无论雨雪，每天清晨6点10分，当别人还在沉睡时，司聪聪已在五环体育场健步如飞地“打卡”了。大学四年，他坚持每天早睡早起、从未懈怠，只为训练时的好状态。轻声悄步，他走出静谧的宿舍；分秒必争，他跑近自己的梦想。“我也想睡懒觉，但我更渴望圆梦”，他感慨道。面对每隔5分钟跑1000米且要求保持在3分钟内等等一系列魔鬼式训练，他咬牙坚持；随着时间推移，他渐渐适应、习惯。“教练常说，没有偶然的胜利，所有看似意外的结果，都是平时刻苦训练、严格要求的必然。”他如是说道。对于此次被评为百优学生干部，司聪聪表示自己依旧时刻不能松懈：“奖项都是一步一步得来的，获奖只是一个肯定。奖项不重要，重要的是自我成长和进步，我还有更大的提升空间，我将不忘初心、继续前行。”

宋稼豪：勤奋求知的海之子

■ 王海霖　孙晓凤

宋稼豪，海洋科学与工程学院海洋资源与环境专业2015级学生，于2015年和2016年分别荣获第八届、第九届全国大学生海洋知识竞赛一、二等奖，2016年1月作为获奖成员参加了国家海洋局主办的西沙冬令营活动，于2015—2016学年及2016—2017学年荣获国家奖学金，大一、大二专业排名均高居榜首，大三学年又作为海洋学院优秀学生代表前往中国海洋大学交流学习。

兴趣为师，勤奋为梯

执着于自己喜欢做的事，是宋稼豪最大的个性所在。他从小就喜欢动物、喜欢海洋，能够在岩礁上坐一个下午看鱼虾在退潮的水洼中小心翼翼地觅食，也能够在漆黑的夏夜打着手电筒不顾蚊虫的袭扰静静地聆听鸣虫在石洞中放声高歌。正因为此，在填报志愿之时，他毫不犹豫地选择了海洋资源与环境专业，而以兴趣为师也是宋稼豪能够走到今天的重要法宝。

也正是因为这份喜爱，成就了他与海洋知识竞赛的缘分。在接到学校下发的海洋知识竞赛通知之后，宋稼豪第一个报了名，这是因为他在高中阶段对这一活动有所了解，更是因为他相信自己有兴趣更有能力来参加这一比赛，他坚信自己一定能够有所斩获。于是，在那段时间，他的课余生活便被“包罗万象”的题库所充满，然而纵使是有从小积累下来的一些关于海洋生物方面的知识储备，但面对如此庞杂的海洋知识，宋稼豪也有些不知所措。在浏览了大致内容之后，他决定先易后难地分类掌握。就这样，他的课余时间几乎都被海洋知识占满。在取得校赛冠军后，宋稼豪前往厦门参加全国总决赛。展示风采、提升眼界、结交朋友是他参赛的目的。抱着这样的想法，他在赛场上精彩发挥，经过一番激烈的角逐，以过硬的知识获得了全国一等奖。

不忘初心，着眼远方

从入学的第一天起，图书馆和教室便成了宋稼豪真正的“寝室”，因为在那里，他可以时刻获取自己所喜爱的专业知识，在那里，他可以追随自己的目标和理想。也许起点比别人落后了一些，但路总是自己一步步走出来的。越努力越幸运，这是宋稼豪一直秉承的信念。凭借着勤奋踏实和吃苦耐劳，宋稼豪一连拿下大一和大二学年的专业第一，并一次性通过四级考试，顺利拿到了到中国海洋大学交流学习的资格。“回忆起自己为了目标拼搏的日子以及在海大所收获的知识和快乐，一切都值得。”宋豕豪幸福地回忆道。

在中国海洋大学交流学习时，他改变了很多，也收获了很多。中国海洋大学是宋稼豪长久以来所向往的高校之一，不仅仅是因为这是一所当之无愧的一流学府，更因为它有着悠久的文化底蕴和人文气息。而当他真正来到这里之后，才发现其吸引力还远不止于此。其中最令宋稼豪艳羡的是学校和学院所提供的机会和平台，这些平台可以从多方面为学生搭建拓宽自己专业水平和视野的桥梁，使学生不仅仅局限于课堂，更能在亲身参与的过程中了解更多未来发展的方向。舍友和同班同学的热情使宋稼豪加深了对于这所双一流大学的认识，感受到了一份温暖。

潜心复习，拼搏无憾

对于交流生而言，结束交流生活后，一般应当立即投入考研复习当中，以保证复习计划能够如期完成。然而宋稼豪并没有，他虽然已经非常明确自己的考研目标，但是却在反复思考究竟怎样一所学校才更有利于自己未来的发展，经过反复比较，他最终选择了厦门大学。由于种种原因，复习时间推后到9月份，在此时，跟他报考相同专业的同学，复习已经推进了一遍到两遍，而他的复习进度却还几乎是零，这令宋稼豪心生动摇。但知难而退从来不是宋稼豪的性格，既然还有将近100天的时间，又有什么奇迹是不可能发生的？有什么梦想是不可能实现的？宋稼豪又一次选择了迎难而上。他把手机扔在了宿舍，每天天不亮出门，夜深了才回去。考研不易，或许只有亲身经历了才能真真切切地感受到。2018年的“十一”长假，是宋稼豪第一个没有回家的假期，纵使他非常想丢开这些枯燥的书本、非常想离开这令人苦闷的教室，但他还是每天早早地来到教室开始背前一天没有背完的名词解释。“十一”假期的一天，饭后，宋稼豪打开手机，看到朋友发的一条朋友圈，“等翻过这座山，我也要尽情欢乐”。他默然注视了好久，轻轻点了一个赞，便扔下手机关上了寝室的门。对每一个考研人来讲，梦想比一切更珍贵、更重要；而在他心里，一切都会过去。终于，漫长的近百天时间过去，在把试卷信封贴上封条的那一刻，宋稼豪心里只有不遗余力后的释然。后面的路他也不知道，他只是本着自己的初心做好自己应当做好的每一件事。“大不了重来，生命不息，努力不止。”他在考后淡然地说道。

饮水思源，感念恩师

能有今天的收获，宋稼豪还十分感念他的两位恩师，一位是他的班主任许颖老师，另一位则是海洋学院普通动物学的授课教师付国庆。宋稼豪不会忘记，在自己拿下荣誉之时许颖老师对自己的鼓励、引导，以及对于未来的大致规划和适时而又合理的建议；更不会忘记在他受挫甚至意志几近被摧毁之时老师对于自己的安慰、帮助以及无微不至的照顾和关心。而付国庆老师之所以同样让宋稼豪感念，则是因为他有极强的责任感并愿意同每一个学生保持良好的师生关系，不求任何回报，待人也总是和蔼可亲，一副笑眯眯的模样。每次在宋稼豪去找他解惑之时，付老师都是认真解答，如遇到自己的盲区，也必定会在闲暇查阅相关书籍，务求给学生一个准确可靠的解释。付国庆老师在学校之时，宋稼豪常与之相伴而行，因为在与老师的相处中，他总是感到发自内心的快乐。宋稼豪曾说，感恩是一个人最基本的品质，自己之所以总是那么拼尽全力，一方面是自己的性格使然，另一方面则是为了更好地报答两位恩师。

宋稼豪在奋进中寻找着平衡，积极进取，奋力开拓，努力打造出属于自己的未来。

孙梦雪:用爱心播撒阳光,用高尚践行平凡

■ 王汝雪　宋颖芳

孙梦雪,经济与管理学院2013级市场营销专业学生,2014年任校大学生志愿者联合会副秘书长,2015年任青岛农业大学红十字会会长。其志愿服务事迹多次被半岛都市报、青岛日报、青岛晚报和城阳在线、人道网等媒体宣传报道。

创新志愿服务形式,探索志愿服务新模式

作为校红十字会的会长,孙梦雪践行“奉献、友爱、互助、进步”的服务精神,积极引领社团创新志愿服务新形式。在助老扶残活动领域首创建立记录老人身体健康情况的健康档案,在应急救护活动领域开创红十字课堂、小小老师课堂、培训嘉年华、亲子游戏等生动活泼的培训形式,根据受益群体的不同,组合不同的培训形式,让中小学生、留守儿童、新市民子女等在轻松愉快的氛围中学习急救安全知识,增强自救互救能力。带领的团队先后获得青岛市优秀红十字志愿服务团队、青岛市无偿献血志愿服务优秀团队、暑期“三下乡”优秀志愿服务团、青岛农业大学十佳社团等荣誉。

规范志愿服务特色小队，明确志愿服务领域

孙梦雪根据协会已有的助老扶残队、应急救护队、同伴教育队、无偿献血队四类特色志愿服务小队，开展特色志愿服务活动。助老扶残志愿服务活动有：夕阳红敬老院志愿服务、测血压、文艺演出、普及健康安全知识等，在给留守老人、孤寡老人带去心灵安慰的同时，关注老人的身体健康状况，留意特殊情况的出现。应急救护志愿服务活动有：班级培训、项目活动、社区培训、初级急救员考证等，在提高自身团队素质的基础上，将所学传授给更多需要掌握急救安全知识的群体、增强自救互救能力，有助于形成“自救、互救、敢救、会救”的社会风气。同伴教育活动有：结核病、糖尿病、自闭症、艾滋病等疾病防控以及性与生殖健康主持人培训、预防艾滋晚会等，让广大学生、社区居民了解各种疾病的发病环境、传播途径、应对措施等，有助于形成“早发现、早预防、早治疗”的良好就医氛围。无偿献血志愿服务活动有：国货献血车志愿服务、无偿献血培训、造干采样、造干采样宣传、主题演讲比赛等，引导志愿者参与无偿献血志愿服务，呼吁社会群体奉献自己的爱心。仅2015年11月22日以“热血温暖寒冬，真情感恩生命”为主题的献血车进校园活动，参与志愿者就达120余人，平均服务时长4小时；共398名同学献血，献血量近140升，该次活动被凤凰网等多家网络媒体报道。

抓住机遇，推进志愿服务项目化运作

在孙梦雪的带领下，2015年协会成功申报并完成了由中国红十字会立项的“关爱渔民健康，共建安全港湾”项目，在很大程度上提高了社区居民对急救知识的掌握，增强了应对突发事故的能力。组织完成了中国计划生育协会立项的“青春健康，你我同行”项目，引导广大学生树立了正确的性观念与生殖观念。完成了青岛市华泰基金会立项的“关注暑期安全，共建和谐校园”项目，呵护中小学生假期安全，撑起安全的保护伞。2016年开展的“红包计划”“爱不任‘性’”项目再次在校内和省内获得立项资金，得到项目对象的一致好评。

投身志愿服务队伍，传播志愿服务理念

孙梦雪在带领团队做好专业化志愿服务的同时，积极参加2014年青岛世界园艺博览会、第十二届中国农产品交易博览会、2015年中国国际蓝莓大会、2015年

世界体育休闲大会、青岛市高校田径运动会、青岛世界半程马拉松比赛、MTA天漠音乐节等大型赛事赛会的志愿服务工作，为赛事赛会的顺利举办尽自己的力量。组织成立了校运动会、迎新生、越野赛校内应急救护站，为学校各项工作的顺利开展提供安全保障。大学三年，孙梦雪同学热心公益，累计参与志愿服务总时长达2500多个小时。她用真诚和行动实践着一名当代大学生的社会责任及一名共青团员的神圣使命。她努力通过自己的微薄之力呼吁更多大学生行动起来，参与到志愿活动中来，真正实现“随时随地随手做公益”。

唐晓敏：无奋斗，不青春

■ 李永青　张文芳　贾光辉

唐晓敏，曾任食品科学与工程学院粮食工程专业1501班团支书，校学生会副主席兼社会实践部部长。大学期间曾获上合峰会优秀志愿者、青岛市青马培训合格证、山东省"三下乡·千村行动"优秀学生、校暑期社会实践优秀学生、暑期社会实践优秀调查报告二等奖、优秀学生三等奖学金、优秀团干部奖学金、优秀学生干部奖学金、文学艺术单项奖学金、社会实践优秀个人单项奖学金等荣誉，多次获评校级"三好学生"、优秀团员。曾参加中科院组织的"中国农村微观经济调查"项目，带领团支部获全国活力团支部等荣誉称号，带领班级社会实践团队赴临沂、菏泽等地支教，所在团队获山东省"三下乡"优秀团队等。

志于拼搏，青春不败

唐晓敏的成长之路上不仅有荣誉与光环，还有坚持不懈的努力。"开会、整理材料、办活动"，唐晓敏用三个简单的短语来描述她的工作，可是其中的艰辛又有何人能体会！毫不夸张地说，加班到凌晨是她的工作常态，有时在电脑前一坐就是一整天。

在校学生会的三次部门调动对唐晓敏来说是很大的挑战，同时也是证明自己的机会。“事情不关大小，都要认真对待”是唐晓敏一直秉持的观点，她积极进取，不畏艰辛，把认真刻进了骨子，写进了生活。

“我非常怀念在校学生会的这段时光。”唐晓敏说道，尽管学生工作又苦又累，但她从不抱怨，这三年对她来说是最宝贵的三年，也是成长最多的三年。“我最感谢的还是帮助过我的老师和学长学姐们，是他们指引我前进，给予我最大的鼓励与支持。”

除了致力于学生工作，唐晓敏还参加了一系列的交流活动。她曾前往山东科技大学参加社会实践交流会、参加青岛理工大学的团代会，还曾去青岛市团校参加为时一周的青年马克思主义者培训，不断提升自身能力。除此之外，对舞蹈的热爱也是她的闪光点。她曾是大学生艺术团舞蹈队及学院拉拉队的成员，多次参加晚会表演。面对繁忙的工作与学习，她把舞蹈当作自己缓解压力的一种方式，爱舞蹈，爱拼搏，爱生活，永不放弃自己的初心，是她一直以来的信念。

千里之行，始于足下

“纸上得来终觉浅，绝知此事要躬行。”唐晓敏深知这个道理，她热衷社会实践，利用每一个寒暑假，致力于社会服务。2016 年暑期，她曾带领班级同学赴临沂参加社会实践，募集了近千元爱心善款，将知识与快乐带给当地的儿童。唐晓敏所带领的团队因此荣获山东省“三下乡”优秀团队，而她个人也荣获社会实践优秀个人称号；2016 年 10 月，她跟随思政课老师前往临沂调研，感受浓厚的沂蒙精神；2017 年暑期，赴菏泽支教调研，并荣获山东省“三下乡·千村行动”优秀学生称号；2017 年寒假，她还参加了中国农科院组织的“中国农村微观经济数据调查”项目，赴寿光、高唐、栖霞开展为期 10 天的调研，深入了解当下农村的经济发展现状，寒冬腊月，她踏遍村庄的每个角落，耐心与村民交流。笔下的问卷，是努力的结果，是走过的路程，更是勇者的征程。

实践道路坎坷曲折，她依然不放弃，不气馁。除在校期间的社会实践，唐晓敏还会利用节假日跟随父母前往敬老院做一些公益活动，她告诉记者，她对实践的热爱离不开家人对她的影响。

青岛举办上合峰会期间，唐晓敏积极申请志愿者岗位并成功通过了面试，成为一名光荣的上合峰会志愿者并担任乘车组的小组长。上合峰会让她更加明确了社会实践与志愿服务活动的意义。她说,社会实践与志愿服务活动是她要一直坚持下去的事情,在未来,她想要到更加贫困的地方进行社会实践活动,“如果有机会,我一定去贫困的国家和地区,把自己微小的力量发挥到极致”。

以梦为马,不负韶华

大一刚入学,唐晓敏就积极竞选并成为班级的团支书。“一开始不知道要如何开展工作,是班主任老师和学院的辅导员老师给了我指点,”唐晓敏说。从团支部的第一个荣誉“院训一等奖”到取得“全国活力团支部”的称号,她一直在探索,如何能将团支部发展得更好。为提升支部活力,她与其他支部委员共同为团支部举办了几十场大大小小的活动,有“奔跑吧,粮一”“最美宿舍评比大赛”“粮工小课堂”“五四团日活动”“设粮团体辅导”等。团支部也因此获得荣誉数十项,获得先进团支部、红旗团支部、校级先进班级、院级先进班级、宿舍管理先进班级、社会实践先进班级等荣誉称号。

“团支部的每一项荣誉,让我明白所有的付出都是值得的。”唐晓敏的大学生活一直与拼搏和努力相伴,每一次成功的背后都是她心中火热的执着与不懈的坚持。大步向前、不畏艰辛的做事风格成就了现在的唐晓敏。

唐晓敏最后说道:“今后我仍不忘初心,继续以低调奋进的姿态前行。”正如汪国真所说的,什么样的季节也阻挡不住青春的激流。她以一种谦逊的姿态,不断进步,不断提升,以刻苦和努力谱写自己的青春之路,诠释着青年最美的模样。

王存哲：积极创新，全面发展

■ 邓　玉　孙玉莹

王存哲，建筑工程学院土木工程专业2013级学习委员，曾担任学院2015届学生会副主席、科技创新部部长、兼职辅导员。曾获得山东省高校优秀学生干部称号，连续6个学期被评为校"三好学生"、优秀学生干部，曾主持并成功申报国家级科技创新立项并在核心期刊发表论文1篇，曾获得全国中、高等院校"斯维尔"杯BIM应用技能大赛全能二等奖、第二届山东省大学生科技创新大赛一等奖以及校BIM建模大赛一等奖、结构设计技能大赛一等奖、建筑设计大赛一等奖、先进技术与制图成图大赛一等奖等多项荣誉。

尽心尽力，不忘记自己的责任

从最初的实习干事到学生会副主席、科技创新部部长，从大一懵懂的新生到兼职辅导员，一路走来，他一直努力并坚持着。学生会的工作忙碌而又繁杂，很多时间都是在部门工作中度过。然而当被问到这么多事务在身，会不会感到辛苦而想要放弃时王存哲爽朗的笑声打破了我们的疑惑，他告诉我们："担任这么多角色，时间安排是很紧，但因为是自己想做的事，所以没有感到辛苦。”

也许在别人眼中，他失去了很多悠闲时光，可是在王存哲看来，他的大学生活忙碌而又充满意义。三年的学生会经历不仅让他锻炼了协调与组织能力，同时也收获了一群志同道合的朋友。“学生会是一个值得回忆的地方，希望每一位加入其中的同学都能获得想要的锻炼并努力坚持下去。”这是王存哲想要送给学弟学妹的话。

将理论付诸实践，才是对知识的真正掌握

当别人还在为科技创新学分发愁时，他已经获得了多项国家级、省级奖项；当别人还在宿舍沉迷于各类游戏时，他已经开始带队参加各类赛事。“走出宿舍，放下手机，你的大学可以更有意义。”王存哲在采访中这样说。不管是熟练使用各种软件还是多次获得科技创新奖项，或许我们会很好奇，王存哲是如何掌握这么多知识和技能的呢？“其实一开始我和别人一样，什么也不明白，都是自己一点点摸索、一点点自学的。”他笑着解释道。他告诉我们，起初他也很羡慕那些优秀的人，但他慢慢发现，优秀从来都不会在羡慕中获得，所以他开始不断充实自己，希望自己可以在更高的地方看到更美的风景。

“学校每学期都有针对各个专业的校级科技赛事，有些赛事还与省级、国家级赛项联系，走出班级才能看到与别人的差距，走出学校才会发现人外有人。”王存哲在鼓励学弟学妹积极参加科技赛事时这样说。如果不去尝试、不去努力，你永远不知道自己还有哪些潜能未被发掘。

忙碌背后，还是要做好学霸角色

虽然在学生会和各种比赛中，王存哲注入了大量的时间，但他的专业成绩一直居年级前列，综合素质一直是优秀，曾获得过多项荣誉。当问及他有什么学习秘诀时，王存哲告诉我们：“我不太喜欢玩电脑游戏，而且很少待在宿舍。每次闲暇之时，我更喜欢看看书，复习一下知识。”他还建议学弟学妹们不要尝试考前突击，要踏实学好知识，提前复习。把玩手机、玩游戏的时间压缩出来，多去自习室、图书馆，去看看比自己更优秀的人是怎样努力的。从他的话语中，我们感受到了他强大的自控力和汲取他人长处的上进心。

超越自己，在大学中遇见更好的自己，王存哲用四年青春做到了。

王福香：对自己的选择负责，坚持再坚持

■ 钟睦琪 张煜颖 马 双

她，是壮大学院实践队伍的部长，是屡屡组织实践、关注田野农药废弃物的绿之益协会会长，是率队问鼎“挑战杯”省赛、国赛的主要负责人……光阴留不住，成长却在她心底深深扎根。她，就是王福香。

王福香，化学与药学院化学工程与工艺专业1401班女生委员，曾任绿之益协会会长、学院2016届学生会社会实践部部长，曾获2017年度学校十佳学生干部、第十一届五四青年标兵、2016年省高校优秀学生、省大中专学生志愿者“三下乡”社会实践活动优秀学生、第八届“调研山东”大学生社会调查活动三等奖、第十五届“挑战杯”中国银行全国大学生课外学术科技作品竞赛二等奖、第十五届“挑战杯”海尔山东省大学生课外学术科技作品竞赛一等奖等荣誉；带领绿之益实践团在“践行爱心服务，发现美丽中国”2016年全国大中专学生暑期“三下乡”新媒体公益传播力评选表彰活动中荣获“最美中国发现团队奖”等多项国家级、省级、校级奖项。

回忆起大学四年，王福香说：“我的大学四年很充实。”

渐进渐绽放，敢为敢担当

“社会实践几乎是我大学生活的主旋律”，王福香感慨。入学初，她便主动进入学院学生会，成为一名实习干事；百团纳新时，对绿之益协会一见倾心，竞选成为骨干。随着部门、协会几经换届调整，王福香凭借着扎实肯干的态度坚持到了最后，扛起重任。她对待工作积极主动、认真负责，全心全意为同学服务，有求真务实的工作作风，工作思路明确、方法得当，工作成效显著。

“不论是什么工作，得到锻炼和成长始终是我坚持下来的原因。”王福香的大学四年如彩虹般绚烂多彩，但其背后却有诸多黑白影像不为人知。2017 年 11 月，面对即将到来的研究生入学考试，王福香却踏上征战“挑战杯”国赛之路。“考研时间紧，但比赛准备了那么久，也不能放弃。”于是她将“战场”从自习室搬到教室、学院办公室，一遍遍改本子、模拟答辩，一次次推翻重来，一个个不眠之夜，面对国赛、考研的双重压力，她选择“坚持再坚持”。当听到评委说项目还有瑕疵、需要晚上再改时，一想到旷日持久的准备未被肯定、晚上复习计划再次泡汤，王福香委屈不已，当晚就哭了。“既然都坚持到这份上了，就再咬咬牙坚持下。”她重调心态，来到办公室，灯光又再度彻夜亮起。

天道酬勤。她率绿之益协会不畏烈阳、扎根田野、调研农药废弃物、科普农药知识的踏实笃行，为协会赢得了诸多好评；她率领团队次次通宵达旦地筹备赛事的精益求精，让团队问鼎“挑战杯”省赛，并于国赛中斩获奖项。是她毫不动摇“变得优秀”的初衷，是她敢为敢担当的奋勇，是她一如既往的坚毅，让她实现了全面提升自我的目标。面对重重险阻，她坚定地说：“团队和项目是我选择的，我要对他们负责。”

作为绿之益协会会长和院学生会社会实践部部长，王福香陆续组织 360 余人，奔赴山东省 13 个地市，开展了 36 次社会实践活动，开展大型宣讲活动 13 次，受益人群万余人，在中国青年网、山东齐鲁网等省级、国家级媒体发表新闻稿 17 篇，不断的努力和多方面的工作使王福香变得优秀，更在她的人生履历上留下了精彩的篇章。

不负初心，花开不败

工作繁多，但“全面提升自己”的初心未曾改变，于是王福香从社会实践转过身去，俯首书桌，书写出学业华章。她始终保持积极的学习状态，有明确的学习目标，勤奋努力。作为学生干部，她更加严格地要求自己，正确处理好学习和工作的关系，在同学中发挥了模范带头作用。

有志有力、不随以怠，这是她对待学习的态度。“时间就像海绵里的水，挤挤总会有的，把他人嬉戏时间利用起来，弥补工作占用的学习时间。”她对自己高标准、严要求，结合适宜的学习方法，使她的成绩一直名列前茅，并获等单科成绩优胜奖学金，连续6学期获得校“三好学生”、优秀学生干部等多项荣誉。

“学习和工作都是我热爱的，既然两者都不想放弃，我就要加倍努力”，这是她平衡学业和工作的“笨方法”。明晰自己弱项，王福香便天天力争做第一批到自习室“报到”的人，反复训练英语听力、进行多样题型训练、开展自我检测……日复一日，朝出晚归。终于，四六级顺利通过、考研成功等一系列好消息陆续传来。

“永远保持一种积极状态，不断朝目标努力，保持理想境界，走近、实现自己的目标”，这是她不负初心、花开不败的缘由。“看着她夜以继日地筹备比赛，一学习就忘了时间、沉迷其中，我就想学她身上那股咬牙坚持、不断追梦的劲儿。”同专业1501班的刘超如是说。而他作为绿之益协会的副会长，经过“挑战杯”的磨练，看过学姐的负责、拼命，也选择了为考研而拼搏。

愿做科研良种，期汗水换成长

迷茫不再，路在脚下。“要变得优秀”，初入青岛农大时的誓言仿佛还萦绕耳畔，临近毕业的她说：“要真正做好科研，多发论文，最好再去高校读博。”随着时间推移，王福香的梦想在变，但不变的是她在圆梦路上奋进不止的脚步。

在青农大的四年，女生委员、实习干事、协会骨干、学院社会实践部部长、绿之益协会会长、“挑战杯”省赛和国赛主要答辩人，这些头衔渐成为她名字的前缀，“是荣誉，更是责任，而鼓舞我一直坚持下去的原因，是我的收获和成长，以及实现我的初心——全面提升自我”，“有时候会感到疲惫、无力，但我必须得坚持下去，因为这是我的选择，我要负责。”

每次挫折都是走向成功的阶梯，人生如帆，会碰到狂风暴雨，会碰到电闪雷鸣，但王福香始终相信，雨过天晴就是彩虹，狂风暴雨后迎接你的就是明媚的阳光。为了光明的未来，发奋图强，认真感悟，然后再回头慢慢品味过程才发现：原来生活是如此美好。

王忠倩:奋斗的青春最可爱

■ 杨 茜 李 梦 孙晓凤

每片树叶都有她的纹理，
每条河流都有他的远方，
同样，
你的青春由你掌舵，
去发现生活的精彩！

王忠倩，向日葵般的姑娘，深扎土壤，虚心学习，向阳生长。大学期间，获得2016届山东省高等学校优秀毕业生、2015—2016年度山东省社会实践优秀学生、2014—2015年度山东省高等学校优秀学生、2014年度山东省志愿服务先进个人、第十四届“挑战杯”鲁信山东省大学生课外学术科技作品竞赛特等奖、山东省青年马克思主义者培养工程优秀学员、2014青岛世园会优秀志愿者等30余项奖励和荣誉。她不断挑战和超越自己，用奋斗的青春践行着“厚德、博学、笃行、致远”的青农校训。

刻苦学习，争做学习标兵好模范

大学提供了一个相对自由的学习环境，学习具有更多的自主性和灵活性，但与此同时，需要更加严格的自我要求和良好的自控能力。

在学习中，王忠倩是一位践行者，也是一个榜样。“书山有径勤为路，学海无涯苦作舟”，她勤奋刻苦、努力钻研，时刻保持着高度的自觉、自理、自立的学习状态，努力认真地完成自己的专业课程，并取得优异成绩。大学期间，她一直保持专业前三名的成绩，并以优异成绩通过英语专业八级等考试。在自己取得优异成绩的同时，她也乐于与同学们分享自己的学习心得和体会，帮助学习上有困难的同学改进学习方法，转变学习态度。

“感谢青农美丽的虹子湖畔，永远记得美丽的晨光遍洒虹子湖时同学们在湖边大声背诵的情景，而我每天早晨 6 点半都会准时在这里打卡，或背诵精彩的英文诗歌片段，或朗读优美的散文，抑或仿读 BBC 英文主播的新闻播报——在这一方小天地，畅游知识的海洋。感怀那段早读的时光，感谢自己的坚持，我也从曾经那个害羞的姑娘，长成一个可以大胆在大家面前‘秀’英语的女孩。虹子湖畔清新的微风和波光粼粼的湖水涟漪如同我们每个学子的梦想，相伴相行，给予我们前进的力量。学习读书的时光是最让人愉悦平和的，我总是渴望获取更多知识，那是一种如饥似渴的状态。只要有空余时间，我就会扎进图书馆，那种感觉就像是和老朋友相聚，迫不及待地打卡进入图书馆，挑选适合自己的书目，去读别人的故事，了解他们的生活经历，评判之间，逐渐形成自己的做人做事准则。”王忠倩如是说。

在校期间，她不仅注重学习，还积极参加社会实践和各级各类竞赛：参与组织“新生代异地务工人员的身份认同”“中学生英语学习动机调查——以城阳实验中学为例”等创新项目；参加 2015 年美国大学生数学建模竞赛。与此同时，她还积极参加国家级、省市级、校级、院级举办的各类英语竞赛，获得了不错的成绩。在她的词典里，“Work harder, you can do it!”便是永恒。

踏实工作，勇当学生干部领头羊

王忠倩于 2012 年 9 月成为青岛农业大学外国语学院学生会秘书处的一名干事。大一期间，她各项工作勤勤恳恳，认真施行并落实到位，深得学生会部门成员的好评。她积极进取，通过竞选担任青岛农业大学校级学生会秘书处干事，积极参与团委组织的各项活动。大二期间，她成功竞聘为学院学生会宣传部副部长，以出色的文笔获得老师及同学的肯定，出色地完成了学院的宣传工作。她用自己的实际行动践行了一名学生干部的责任与担当。

“尝试着去做得更好”是对王忠倩的真实写照。作为校学生会副主席、大学生志愿者联合会主席，她积极参与筹划组织了“迎新服务站”“百团纳新”和“志青春”宣讲、“12.5国际志愿者日”系列活动、“青农之志”系列活动、年终晚会、报纸爱心义卖及募捐等志愿服务活动。每一次活动的完美呈现都需要团队的集体努力——“感恩我的志联伙伴们，感恩志愿服务的路上有一群志同道合的朋友们。仍然记得‘12.5国际志愿者日’活动时，我和团队一起战斗，为布置教学区‘志愿者日’宣传栏，志愿者们作画、贴照片，从傍晚6点一直忙到晚上11点。寒冷的12月冷风穿堂，刚开始我们还瑟瑟发抖，干起活儿来，大家说说笑笑，想象着大家看到我们的成果时，哪怕有些许感动或者想要加入我们志愿者行列，我们所做的工作就是值得的！其实这种类似的宣传栏制作正常需要一天左右时间，而那天晚上我们只用了5个小时，于我们自己而言，是一个很大的突破；于团队建设而言，我们因为一个共同的目标而一起努力，这种集体荣誉感令我们有了一种强烈的归属感。”王忠倩表示。

作为学生干部，王忠倩在工作中注重创新。她牵头对学校志愿者网站进行改版，规范社团会员注册、登记流程，落实学校志愿者类学生社团的管理章程，以规范社团管理模式，让青农校园志愿者更加健康有序地参与志愿活动。她创新性地推出“志青春”宣讲团，邀请校园大咖分享志愿经历及感悟，渲染校园志愿文化氛围，构建青农志愿形象体系，让青农志愿卡通形象“小青萤”深入人心。

热心公益，践行社会主义核心价值观

王忠倩热心公益，积极组织并参与多项志愿服务活动，活动时长累计2100余小时。她一直认为大学生不应总待在“温室”之中，而应该积极地走向社会，在对国家和社会的奉献中实现自己的人生价值。参加志愿服务活动，将自己所学的专业知识应用于实践，正是将理想与现实相结合的最佳途径。她志愿服务的身影曾出现在第十二届中国国际农产品交易会暨第三届山东国际农产品交易会、2014青岛世园会、青岛市城阳人民医院、青岛市城阳特教中心、枣庄市山亭区徐庄镇武王庄村和赵山头村、青岛市城阳社区中心英语角中，并在其中担任志愿者及主要负责人。志愿服务带给她成就感和奉献感的同时，还给予她归属感和自豪感，这使她不遗余力地践行着志愿精神。

在担任 2014 年青岛世园会城市运行志愿者领队和第十二届中国国际农产品交易会志愿考主要负责人期间，她主要负责并组织了志愿者的校园招募、培训、岗位安排等事宜。为大力宣传志愿者的先进事迹，她先后撰写多篇新闻报道，以图文并茂的方式讲述志愿者的故事。作为服务志愿者的志愿者，在志愿服务结束后，她还牺牲个人休息时间，整理和完善志愿者的相关材料。

在城阳社区中心担任志愿教师期间，她创新上课模式，寓学于乐，模拟日常生活状态，教授生活用语，深受同学和家长的欢迎，并被当地新闻媒体报道。在枣庄市山亭区徐庄镇武王庄村和赵山头村的支教经历更让她终生难忘，那是一个骑车需要 3 个小时才能从镇上到达村里的偏远村庄。她通过组织座谈会、交流会及家访等，提升了孩子们对学习的兴趣，在孩子们心中种下了求知的种子，受到了当地村民的一致好评。

不忘初心，方得始终。坚持与担当是她在大学学到最多的，这也将鼓励她更加坚强地走下去。回顾大学四年的风雨历程，社会实践和志愿活动经历让她找到了人生的方向，她也不再胆怯、不再畏惧挑战，更有信心面对未来。她如向日葵一般，深扎土壤，向阳生长，彰显生命力，用奋斗的青春去放飞人生梦想。青春是用来奋斗的，奋斗的青春最可爱！

王姿俨：用激情文字留下珍贵的校园回忆

■ 薛春燕

2016年6月30日，带着大学四年里满满的收获，她毕业了。对她来说，大学四年，是一段忙碌的追逐梦想的日子。无数个日夜，作为校报记者，她与文字并肩，不断向上攀爬，用激情文字留下了校园的珍贵回忆。静心回首，这四年，有几个关键词贯穿始终，它们是“目标”“靠谱”“态度”“忙碌”。正是这几个词以及它们延伸出的庞大力量，让她的四年大学生活，不论是在思想道德修养、专业知识学习，还是在校园文化活动、社会实践等各个方面和领域，都有所收获、飞速成长，新知识与新技能加身，没有留下遗憾。

所谓目标

好的开始是成功的一半。初入大学时，王姿俨也和大多数新生一样，感到迷茫，无处着手，无从开始。那个时候的她只是简单地认为：“我要过好大学，要充实，要精彩，要不平凡！”而这些只不过是一个模糊的空想罢了。而真正要实现它，还得先从脚下的路开始——先设定第一个小目标，然后再第二个，就这样一步一个脚印，步步为营。

她至今都时常调侃自己，大学四年是“踩着稿子的尸体”爬呀爬。大一时，她有机会加入了校报记者团，但是在这个人才济济的团队里，稍不留神就会被淹没和淘汰。一开始，她只是单纯地希望校报上能出现一次自己的名字，所以拼命采访、写稿、投稿，一开始有过多次投稿但一连几星期都不中的失落，而她却没有因此受挫放弃，目标依旧在那里。她每天坚持前进，就这样日积月累，“王姿俨”三个字在校报上出现的次数越来越多，从出现了第一次，到一期出现一次，再到一期出现三次甚至更多，成为团队里发稿较多的那一波人。

“校报上有自己的名字”这个小目标早已实现，进而带给她更大的目标——要成为团队里“金字塔”顶端的人。幸而小目标不断实现，大目标便触手可及。

可能每个初入大学的人，都曾有过豪言：“我要征服图书馆！”但又似乎很少有人能实现这样的宏伟目标，因此，还是先问问自己，一个星期征服了几本书。梦想的实现，是小目标的实现堆砌而成的。“一口吃不成个胖子。”王姿俨结合她的经历，建议爱读书的同学们，登陆自己的图书馆账号，查看一下自己的借阅历史，是不是能每周多增加那么几条记录。

曾经，她望着宣传栏里十佳大学生的成绩与获奖经历，只有感叹的份儿，但未敢奢望过。可随着大一、大二的各种积累与沉淀，她慢慢地觉得，或许自己可以试试。于是在之前的一个又一个小目标得以实现的基础上，她又为自己设定了一些新的目标——比如说，学习成绩上要更上一层楼，社会实践活动、专业创作经验等还需要再丰富，把大的目标分解成一个个的小目标。慢慢地，她发现，她得到了 1+1>2 的惊喜。

王姿俨说，“目标这个东西是必须存在于心底的一种希冀、一个愿望，当我们不知道自己的目标是什么的时候，做好手中的每一件事，回首时你会发现那就是自己的目标，它已经实现了。”

所谓靠谱

如果说目标是一种意识，而靠谱就是一种行动，不仅需要我们去做，还需要做好。四年的经验告诉王姿俨，靠谱可以给她带来很多意想不到的机会。

当老师或者学长学姐安排一项工作时，都会选择找一个靠谱的人，且一旦发现这个人靠谱，就会习惯把所有的相关事情都交给这个人做。而只要做事情，就会有机会学东西，进而有机会成长。

“靠谱”品质，不仅仅在大学校园里很吃香。参加工作的两年多来，王姿俨对此更是深有感触、深信不疑。在单位里，她发现身边的同事大致可以分为两类，一类是“闲人”，一类是“忙人”。而之所以会有一类“闲人”，是因为任何工作交给他们都不能很好地完成，也就是缺乏“靠谱”品质，久而久之，领导就不愿再将工作任务交给这类人，他们便越来越“闲”。相反，那种极具“靠谱”品质的人，任何工作交给他们，都会给人一种“安全感”，领导越用越顺手，他们也就成为越来越忙的“大忙人”。或许，你会质疑，闲了难道不好吗？但实际上，“闲”只会消耗时间，消磨能力，错失机会。而“忙人”则是进步和晋升最快的人。她深信，每个人都有歇斯底里的本源，潜能是逼出来的，不是闲出来的。

如何让自己靠谱？王姿俨说：“一个行动胜过百个空想，不要让你之前设定的目标只是想想而已。离开滋生堕落的温床，哪怕只是为了一个小小的目标，行动起来才有可能实现。行动真的是要靠自我约束，别人只能告诉你行动的重要性，而是否坐实，还得靠自己。”

把手头的每一件小事都干好才是靠谱，而不是坐等一件惊天动地的大事，搞什么所谓的“一战成名”。成功向来都是偏向靠谱的人，俗话说得好，“你若盛开，蝴蝶自来”。

“靠谱，是一个性价比很高的评价，涵盖了你很多的优点，做一个靠谱的人，是一件相当‘靠谱’的选择。”

所谓态度

王姿俨认为，对待事情的态度，与一个人是否靠谱息息相关。一件事情交到你手里，完成后给自己打个分，是否能让自己满意？如果自己都觉得欠佳，又怎能让别人觉得靠谱呢？

尽可能以100%的态度去做每一件事，能全力而为的时候千万不要尽力而为，不要让自己的付出打折。王姿俨给大家算了一笔账：假设完成一项任务需要7步，每一步你用90%的能力去做，虽然90%已经很高的比重了，而真的要算一下的话你会发现，你得到的结果仅有47.8%左右，这样大打折扣的结果，却来源于你每一步、每一点的松弛。

其次，对待每一份工作要高度负责的态度，学会在平凡的工作中体会到不平凡的道理，源自坚持。“复杂的事情简单做，简单的事情认真做，认真的事情重复做，重复的事情创新做。”

大一时，王姿俨是学院学生会一名普通的实习干事。在宣传部的她，画得没别人精致，写得没别人工整，除了能打杂，别无他长。但没有特殊情况，她绝不会缺席任何活动，即便画不好、写不好，她也帮忙打下手、搬东西、打扫卫生等。由此，她的经验之谈是：“大学里，我们会加入很多团体、组织，也随之有很多身份和角色，可以去干很多自己喜欢的事情。不论身处何地、有何身份，在各项工作、各种角色中，应保持自己应有的甚至更高的责任心和更认真的态度，踏踏实实做好手边的事，让自己安安静静地爆发。千万不要总是秉持一种玩世不恭的态度，这样很容易被当成最不重要的，被遗忘。”

她特别喜欢林清玄的一句话：“平常而不平凡，单纯而不简单。”大学，无疑是一个改变人生的地方，要想不平凡、不简单，就要有态度、有行动、有付出、有努力。

所谓忙碌

在大学，时间很自由，有更多的空闲去做更多的事情，如何安排、规划便成了一门重要的技能。王姿俨喜欢把自己要做的事情一条一条地罗列出来，一天的，一个星期的，甚至更加长远的。有计划地干好每一件事，让自己忙得“不可开交”，总是会给她带来莫大的满足感。

大学斯间，她加入了很多学生社团。其实，作为新生，她也曾得到过不少这样的忠告：“百团纳新，千万不要贪多，参报太多的社团，没什么用。”“××社团从来不开展活动，压根儿没什么存在感，千万别报名。”……而她却觉得，百团纳新就应该凭借着自己的“三分钟热度”，喜欢哪个报哪个，不要计较数量的多少。毕竟，初入大学，自己压根就不了解这些社团，更何况“一千个读者就有一千个哈姆雷特”，也不能因为“过来人”的一两句评价，就否定了一个社团存在的价值。每个社团都会随着时间的推移，大浪淘沙，留下自己的核心领导者和令人仰望的精英。不尝试，怎么会知道自己就是留下来的金子呢？

王姿俨还清晰地记得，她报了6个社团。后来，参加演讲与口才协会的活动不超过2次；参加轮滑协会的活动不超过3次；在老乡学长的“胁迫”下，参加书画协会的活动也不超过10次……但是她却在校报记者团、文学社等这些自己真正喜欢的团体里发光发热至大学毕业。巧合的是，她写过轮滑协会、书画协会获奖的新闻稿，也写过演讲与口才协会获奖学姐的人物专访。

至今，还有很多人认为参加社团组织、当学生干部无疑是浪费时间，耽误学习。我们身边也不缺乏一些学霸，两耳不闻窗外事，一心只读圣贤书，他们或许成绩优异。但是王姿俨认为，我们身边同样存在着拥有着学霸成绩的优秀学生干部，他们名列前茅，却有着超强的工作能力，这才是作为大学生最期待的成就。

学习和学生活动、学生工作并不冲突，协调好，反而可以相得益彰，毕竟，优秀是全面的。

忙碌会让我们的生活越来越有计划，只有让自己忙起来，才能学会榨取更多的时间，尝试更多新鲜的事，干更多有意义的事。大学时的王姿俨这么认为，现在的她更对此坚信不疑。

“从来只有拼出来的美丽，没有等出来的辉煌。无论遇到什么困难，无论遭遇多大压力，只要不忘目标，坚定态度，让自己做一个靠谱的‘大忙人’，定能在大学美好的年华，留下最充实的记忆！”王姿俨说。

王综鹤：一梦四年，执着前行

■ 乌珊丹　嵇安奕

王综鹤，2016年毕业于动漫与传媒学院动画专业，现为《新京报》视频报道部（我们视频）资深编辑。曾参与榆林产妇坠楼事件、杭州保姆纵火案、江歌案、青岛仲村灭门案、汶川大地震十周年等一系列社会热点的调查报道及全国"两会"和"蛟龙号"归来直播等重要新闻事件报道。其中，参与报道的榆林产妇跳楼事件获得《新京报》2017年度独家新闻报道金奖，《我家门前》获中国十大融合创新报道奖。

在校时参与创建动漫与传媒学院"青媒电视工作室"并担任学生负责人。在校期间担任主创的作品——毕业歌《一梦四年》曾引起广泛关注，在中国教育电视台等国家级、省级媒体平台播出，获得较好社会反响；摄影作品《手与心的对话》入围2016年北京大学生电影节摄影奖。

坚持梦想，不断前行

刚到校园报到时的王综鹤有些迷茫，听说学校上课时会用到相机，不懂"摄影”是什么的他，买了人生中第一台单反相机。他说：“那时候可以说是迷迷糊糊就买了相机，完全不懂能用来干什么。这个无意的举动，改变了大学四年的生活轨迹。”拿着这台有些沉甸甸的相机，他开始四处拍照。“一开始拍了几千张照片，没有几张能看的，还好坚持住了。”在老师的指导和自己的研究下，他逐渐找到了学习摄影的方向。王综鹤说他很喜欢作家马尔科姆·格拉德威尔的一句话：“人们眼中的天才之所以卓越非凡，并非天资超人一等，而是付出了持续不断的努力。一万小时的锤炼是任何人从平凡变成世界级大师的必要条件。”这是著名的“一万小时理论”，他说只有坚持不懈地做一件事，才有可能将它做得更好。

照片越拍越多，王综鹤渐渐在校园里小有名气，作品经常发表，也获得了很多专业老师和业内人士的夸奖。传媒学院郭建良老师还曾经就王综鹤的风景作品在校报上做过点评。郭建良老师更喜欢用王综鹤的网名“浮光君”来称呼他。最早他就因曾多次在网上向老师请教问题而令郭老师印象深刻。郭老师说：“王综鹤是一个勤奋的学生，每次上课都坐在前排认真听讲，课后也经常就摄影方面的问题向我请教，他的态度非常认真，也喜欢琢磨问题，这些也给他后来的新闻职业奠定了基础。”在摄影中，王综鹤找到了乐趣，为自己以后的生活找到了方向。

创建青媒，知行合一

大三的时候，在摄影的基础上，王综鹤又对视频制作产生了兴趣。那时刚参加2014年青岛世园会志愿服务的他，拍摄了一个志愿者的纪录片，但效果并未让他满意。正巧那时传媒学院乌珊丹老师正在组建一个视频团队，王综鹤和几个小伙伴欣然加入，想通过团队的力量提升自己的作品质量和价值。乌珊丹老师说，她组建工作室的目的正是为了锻炼学生自主动手的能力，可以把自己参与电视工作的经验传授给学生。学院有许多微电影创作的平台，但缺少栏目制作的锻炼机会，很多学生在毕业后选择去电视台工作，但是对于电视栏目制作流程、专业化的要求并不了解，许多同学发现自己在大学里并没有充分地全面地掌握赖以生存的技能，只能不断去尝试甚至从头学起，但在工作中很多时候你是不能犯错的。所以应该在学校提供给学生一个可以“试错”的平台，让他们学到的知识能运用到实际，做到“知行合一，学以致用”。这个当时还没有名字的团队，逐渐开始努力尝试，其中王综鹤在里面担任着负责人，压力也是最大的。假期乌老师介绍他去电视台新闻部实习，学习了很多制作流程和专业技术。“我们团队几个人不断地写策划录视频，半年差不多就做了十期节目，但我们一期节目也没有对外发布，那时候承受了很大的压力。无论老师还是学生总觉得节目还可以更好。”就这样，他们不断去打磨作品，在第一个视频播出后，他们引起了学校和社会的广泛关注，团队片子的质量在山东省乃至全国范围内都属于精品，让许多高校专业教师和业内人士也赞许不已。这个团队这时也终于有了自己的名字：“青媒电视工作室”。作为这个工作室创始团队首任负责人的王综鹤，觉得自己在其中学会了很多，他认为日后许多工作上的技能就是从工作室的日常中学到的。他说之所以坚持、之所以喜欢青媒工作室，是因为有一群伙伴的支持和期待，让他在大学里做每一个片子都会全力以赴，做到最好。

一梦四年，献给毕业生的歌

2016年，即将毕业的王综鹤，想着能否为自己大学四年生活留下些什么。“那时候看到国内外一些学校毕业时做的原创歌曲，感觉特别好，就想着是否也能做一个这样的歌曲”，王综鹤说。“毕业歌的初稿和拍摄方案确定下来，已经是5月下旬了。时间很紧迫，歌手人选、拍摄周期、混音制作和后期制作周期每一个都是大问题。”就在这样的状态下，他们逐渐完成了整个歌曲和视频的录制。“全部录制工作完成的那天是2016年6月14日，暴雨倾盆。大家都走后，我自己一个人呆坐在录音室内很久。”王综鹤说现在已经记不清当时在想些什么，或许是回想4年的过往，也可能是对未来的迷惘，更可能是什么都没想，就是这样画上一个句号。这首《一梦四年》的毕业歌一经发布，引起了许多同学的共鸣，很多校友交口称赞，多次在国家级、省级平台中播出。谈起这首歌，王综鹤说这是青农大人自己制作的歌曲，并不“高大上”“积极进步”或“理想远大”，大家之所以喜欢它，可能因为唱出的正是毕业生在毕业时独有的真实情感吧。他也希望《一梦四年》能够每年都在毕业季传唱下去，希望这首歌能承载着毕业生对母校依依不舍的眷恋，每当听到它，就能想起在母校时的种种。

大道直行，唯有真相不可辜负

2016年，王综鹤毕业走出校门，进入《新京报》视频报道部，成为一名新闻工作者。《新京报》是目前国内媒体中最有影响力、最有价值的品牌之一，以娴熟创新的专题策划和深度调查报道见长。视频报道的品牌名为“我们视频”，集中移动端新闻视频的报道，包括直播、短视频和长篇报道，倡导用视频形式覆盖一切新闻热点和现场，内容质量和传播力均居移动端媒体顶尖水平。

在“我们视频”中，他快速成长，参与了榆林产妇跳楼事件、杭州保姆纵火案、江歌案、青岛仲村灭门案、汶川大地震十周年等一系列社会热点调查报道及全国“两会”和“蛟龙号”归来直播等重要新闻事件报道。王综鹤说，做新闻最深的感触就是一定要逼近真相、报道真相、传播真相、承担起社会责任，希望通过自己的报道，让社会变得更加美好。正如《新京报》创始人、原社长戴自更先生说的那样：“媒体存在的价值，就是揭示和还原事件真相，提供有价值的、有趣的新闻信息，不要有任何虚伪和矫饰的东西。媒体是一个正常社会生态链上应有的一环，它满足人们的知情权、参与权，以及在这个基础上的监督权。这一定位要求媒体是理性的、基于常识判断的。”

有人说，现在的新闻是“自媒体太多，观点太多，记者太少，事实不够用了”，王综鹤认为这是不准确的。新闻人的天职是就是挖掘和呈现事情的真相，需要打探消息、到现场、找人、提问、思考、写作、编辑；无限接近事实真相、最大限度讲真话；第一时间告诉别人怎么了、为什么、会怎样；每一天起来都不知道今天会遇见谁、会碰到什么样的事情。在做新闻的过程中，接触了很多人，了解了很多事，虽然有些让人唏嘘，但他还是始终热爱新闻。他认为只有新闻有尊严，民众才有尊严；只要新闻有力，社会就有力。25 岁的王综鹤用实践证明，追求真相需要正义感和行动力。他用他的责任捍卫尊严，用他的心灵感悟生命，用勤勉执着书写属于新闻人的平凡故事。

吴亚新：不忘初心，砥砺前行

■ 谢颂扬　孙晓凤

吴亚新，海洋科学与工程学院水产养殖专业2015级学生。于2018年12月成为一名光荣的中共党员。专业学习上，2015—2017两学年内，连续两学期取得专业第一的成绩，获2015—2016学年校优秀学生一等奖学金，2017年“中科海杯”助学金。2017年11月，她凭借扎实的专业知识和较强的综合素质，作为学校唯一学生代表参加第十届全国大学生海洋知识竞赛，荣获全国三等奖。她于2018年荣获山东省政府奖学金，2018年获得校十佳自强之星荣誉称号，获2017年山东省高等学校优秀学生称号，2015—2017学年连续两学年获得国家励志奖学金，连续三学期获校优秀学生干部荣誉称号。

以学习为抓手，巩固专业知识

学习上，吴亚新同学勤奋刻苦、积极进取，不断挑战自我，树立“热爱专业，学好专业”的专业目标，学习成绩一直名列前茅。在舍友的眼中，她白天很少在宿舍，基本上只有晚上睡觉的时候才能看到她。她白天不是在图书馆就是在学生会、实验室或参加各种各样的活动，每天都有使不完的劲儿。

受学院每周海洋学子论坛的熏陶，依托“蓝鲸导航工程”这一平台，自大二确立导航师以来，她便积极参与到导师的科研项目中去，巩固专业知识，提高实践操作能力。在导师的指导和帮助下，2017年由她所主持的科研项目“大菱鲆创伤弧菌灭活疫苗的免疫机制初探”成为国家级立项项目。大二下学期，她便进入实验室，最初参与半滑舌鳎的养殖与饲喂，到暑假期间参与导师的“牙鲆爱德华氏菌灭活疫苗免疫前后机制的探究”实验。

谈到大二暑假实验，她表示，当时和两个同学一起留校做实验，养鱼过程是最辛苦的，不仅每天要换水，还要几个小时观察鱼的生活情况，曾经有一次，因为天气情况，连续好几天阴天，她所养的鱼大批死亡，给实验带来很大影响。后期取样，她也曾和研究生学姐们一起通宵做实验，那次实验令她印象最深，一晚上基本都在取样、解剖鱼的过程中度过，没有睡觉。这次实验让她能够将理论与实践相结合，进一步巩固与开拓课本所学知识，不断挑战自我。

此外，在自己取得优异成绩的同时，她积极参加学院举办的多次学习交流会活动，与学弟学妹分享自己的学习心得和体会，促进共同进步。

工作中成长，成长中工作

吴亚新担任班级学习委员，曾任学院第六届学生会新闻中心部长。任职期间，认真负责地完成工作任务，尽心尽力为同学们服务，严格要求自己。

在为班级同学服务的过程中，吴亚新始终严于律己，秉承做人德为先、待人诚为先、做事勤为先的原则。她积极配合学院海洋学子论坛、早读制度、学困生帮扶等制度的实施，为班级同学创造了优良学习环境，班级整体成绩一直位于学院同级班级前列。

她回忆到，大一、大二的时候是比较忙碌的，那时候课也多，她经常要帮助各科老师处理一些事务，收发同学们的作业、实验报告，安排实验课上课时间，帮助同学们解决学习中的问题。在服务同学的过程中，她个人的人际交往、组织协调能力也得到较大的锻炼和提高。在学院新闻中心工作时，最锻炼人的应该是大二上学期。那个学期，她要上24门课，而她不仅要学习，还要带干事，教他们怎么写新闻，自己一篇篇改学弟学妹们发过来的稿子，最多的时候一晚上要改5篇稿子，晚上3点多才睡觉，而第二天白天还要上一天课，那段时间是她最难忘的，不过她不后悔当初选择了新闻工作，一篇篇新闻稿件，更使她养成严谨认真的工作态度和脚踏实地的做事风格，自身逻辑思维能力及写作能力得到很大提高。

在实践中巩固专业知识

吴亚新连续两年暑假参加社会实践。在大一暑假期间积极参加第四届水产行业中国全国高校大学生联合调研，调研团走访了烟台与青岛两市，致力于以海参养殖基地为主，深入市场、企业、药店开展广泛性调研，队员们整理收集第一手资料，综合了各方资料数据，以期为海参养殖和市场行业健康发展提供参考，实践活动受到社会各界广泛关注。

那是她第一次去养殖基地，和养殖户交谈，参观海参的养殖环境。她当时担任团队新闻稿撰写工作，每天参观的地方、参观收获，她都要进行宣传报道，由她所撰写的新闻稿件被中国青年网、搜狐网、中国水产养殖网、学校新闻网、校务信息网等多家媒体广泛报道，得到社会广泛响应。在实践中，她荣获2016年校暑期社会实践优秀个人。

在大二暑假期间，积极参加学院举办的“蓝色海洋”大菱鲆调研项目，走访即墨、城阳、胶南各大水产市场，深入养殖基地与养殖户交流，取得良好反响。实践中，她个人荣获2017年学院暑期社会实践奖学金。两年暑假的社会实践活动，让她在实践中巩固专业知识，丰富了人生阅历。

丰富多彩的课余生活

吴亚新积极参加科技文化艺术节等校、院各项文体活动，在参与中，不断提高自身核心竞争力。两年来获国家级、校级、院级奖励达20余项。大一、大二期间曾获校海洋专业技能大赛二等奖，校第三十九届运动会优秀运动员称号，2016年和2017年校越野赛优胜奖等校级奖励6项，学院校情校史知识竞赛一等奖，消防知识竞赛一等奖，国学达人比赛一等奖等。

她说，自己在高中时曾是一个非常内向的女生，上了大学她想改变自己。第一次是参加演讲比赛，当时连续一个星期，每天早上她都在马路边背诵演讲稿，看电视上的演讲比赛，模仿他们的演讲方式，让舍友听她演讲，指出不足，最后，取得了非常不错的成绩。自从有了这次经历，她获得了自信，今后便经常性地参加活动，锻炼自己。

在大三期间，她还作为学校唯一的学生代表参加了第十届全国大学生海洋知识竞赛，在比赛中，和来自厦门大学、中国海洋大学、四川大学等30多所高校的学子同台PK。期间，她认真准备，不断扩充自己的知识面，积极与各校竞赛选手交流讨论，比赛更使她明白了勤奋认真、谦虚严谨的重要性。正如她所说，人生存在很多机遇，关键是你要抓住它。

习近平总书记对广大青年的殷切希望，鼓舞着一个又一个心怀祖国的热血青年坚定人生理想，以青春为笔，书写祖国的时代华章。坚定信念，不忘初心，吴亚新将继续脚踏实地地奔向心中的目标。

夏翠梅：去经历，才是人生

■ 李新潮　马　莹

“爽朗的笑声带着魔性，第一次见她就给我留下深刻印象。她做起事来风风火火，无论是学习还是工作，做就会努力做好，我们都叫她‘拼命三郎’。”舍友打趣她时说道。

夏翠梅，化学与药学院材料化学专业1401班心理委员兼女生委员，院学生会2016届宣传部部长，2016年12月光荣加入中国共产党。大学期间，她已获得大大小小的奖项40余项。其中，国家级奖项2项、省级奖项2项、校级奖项20项，涉及学习、实践、创业、竞赛等各个方面。

知识是最好的化妆品

“知识永远是一切能力的源泉，你的灵感、你的机遇无不建立在充足的知识储备的基础上。物品经过包装会卖个好价钱，人同样也需要包装，知识就是一个人最好的化妆品。”夏翠梅说道。

夏翠梅认为，上大学就是为了学知识、学思考、拓宽视野、充实提升自己，所以在学习方面她一直严格要求自己，广泛涉猎各个知识领域，图书馆、实验室、各种知识讲座现场都会出现她的身影。两年来，她保持明确的学习目标和学习态度，学习成绩出色，连续两年专业排名前二，并被评选为校级“三好学生”、校级“优秀学生干部”，综合素质测评均为“优秀”，荣获一等优秀学生奖学金、国家励志奖学金等。

专业竞赛方面，她积极参与学校举办的比赛。在学校第六届神奇的化学反应实验设计大赛中获团队二等奖，在学校第七届神奇的化学反应实验设计大赛中获团队三等奖。

谈及同学给她的称号“拼命三郎”，夏翠梅说道：“我曾结识一位学姐，她自己创业非常成功，但还是选择继续考研、继续深造。我只是被她的学习态度所感动，感觉自己的知识储备还不够，需要从各方面充实自己。”

精致高效，学生工作中的完美主义者

自入学以来，夏翠梅一直担任班内心理委员兼女生委员，后加入院学生会，担任宣传部部长，2015 年加入校大学生融媒体中心，成为设计部的一名干事。多重身份、多种角色，工作中她踏实肯干，严格把关，是学生工作中的完美主义者。

作为班干部，夏翠梅致力于班级心理健康工作，积极组织开展各种与心理健康有关的活动，鼓励同学们参加各项校园文化活动。她带领班级同学在创意指纹画大赛中获得校级特等奖；在学校第十一届心理健康节“不要抱怨只要爱”活动中获二等奖。2016 年，夏翠梅被评为 2016 年度校园十佳心理委员。

2014 年 9 月，她加入院学生会宣传部，2016 年 9 月，成功当选院学生会宣传部部长。在两年多的学生会生涯中，她为学院学风建设和新媒体建设做出一定贡献。在学生文化建设中，她积极组织开展各项活动如“青春路上绽放你的美”演讲比赛、“写给大学的你”征文比赛；她充分发挥自己的绘画特长，与学生会同学一起参加了“春暖青农”展板设计大赛，获得校级一等奖。在学院媒体平台建设方面，她参与并筹划学院微信、微博公众号和 QQ 公众号的建设与发展，并积极献言献策，学院 QQ 公众号建设，一直走在学校的前列。

夏翠梅对部内成员管理严格，要求他们工作保质保量，按时完成；她时刻关注部门工作动态，及时发现问题并提出建议，为部门宣传工作监督把关。部内成员张富蕾说道：“她是一个追求完美的人，经常告诫要我们把工作做得精致、高效。”

回首，经历中成长

除了刻苦学习，夏翠梅还热爱科学研究，她积极参加各项与创新创业有关的专业比赛，在 2016 年“创青春”•海尔山东省大学生创业大赛中，一路过关斩将，最终获铜奖。

暑假，她积极投身社会实践活动中去，2014 年寒假，她积极参加以聚焦农药残留、关注食品安全为主题的“聚焦农残”实践队，到青岛、临沂等地进行社会调研。团队通过建立微博、微信平台与大赛组委会积极互动，认真填写申报材料、提交系列申报文件、张贴奖项校园海报、邮寄团队高清晰度照片和光盘等程序，最终从全国 64 座城市 146 所高校 315 个社团的 343 份申报项目中脱颖而出，荣获 2015 年第四届中国大学生社会公益奖铜奖。2016 年，她带领第三届“聚焦农残”实践队，走访青岛四地市进行社会实践活动，受到当地政府部门的一致好评，社会实践新闻被国家级、省级媒体报道 20 余次。

当被问及为什么担任多种职务、参加这么多活动时，夏翠梅表示：“有经历，才是人生。趁着年轻，我们应该多参与、多接触一些新鲜事物，经历过才能懂得，才能成长。”

自己的生活自己经营，开心最重要

谈到生活感悟，夏翠梅说道：“在这两年多的时间里，我就懂得了一件事，每个人都有自己的生活方式，我们自己要做的就是尊重，其他的与我们无关。不要给自己加上太多的枷锁，你没有那么重要，也没多么差劲，自己的生活自己经营，开心最重要。”

她表示，一定要管理好自己的身体，身体是最重要的。然后要让自己变优秀，有什么想做的事情，去做就好了，不用顾虑太多。

一个人思想的丰盈，是最难能可贵的事情。夏翠梅一直以她自己的姿态生活着，希望她继续完成自己的目标，顺利考研、读博、国外深造，不忘初心，保持笑容。

邢文平：脚踏实地，不卑不亢

■ 杨 楠 张志城 刘鑫宇 嵇安奕

伴随着太阳冉冉升起，国旗护卫队队员准时列队出发。音乐响起，他们身穿迷彩服，迈着铿锵有力的步伐，从虹子桥上正步走来。面对全校师生的期待，他们从容不迫，以一流的标准、顽强的作风，彰显青农大学子风采。在国歌响起的一刹那，护旗手邢文平扬起国旗，立正敬礼，唱响国歌。

钢铁般的意志，不屈的军魂

骄阳炙烤着大地，阳光撒在一个个坚毅的面颊上。“从大一刚入学的时候我就看到过国护队升旗，感觉这个组织比较神秘。”也正是出于好奇和对未知的憧憬，这个懵懂的少年在军训选人的时候站了出来。

“在那么大的太阳下站台阶，我真没想到国护队训练这么辛苦，当时确实也有放弃的念头，但我坚持下来了，因为那是我梦想启航的地方。”邢文平笑着回忆道，“国护队让我印象最深刻的，就是在台阶上站军姿，两脚跟靠拢并齐，两脚尖分开约60°，两腿挺直，膝盖夹紧，小腹微收，两臂自然下垂，挺腿挺胸挺脖颈，三分之一脚掌在台阶上。40 分钟过后,后背已经湿透,十指滴汗,双手双脚都没有知觉了。”通过了三次选拔,经历了早中晚三训的一个月集训、运动会开幕式,历经一年的艰苦训练以及残酷选拔,他靠着坚强的意志留了下来,从普通队员到男队队长再到国护队副队长,他把自己比作一个没有军衔的兵,因为心中的军人梦。

国护队不仅让他磨练出了钢铁般的意志,也让他收获颇丰。“王光炬老师是国护队的指导老师,他会布置各项任务,需要我们快速学会如何带训、如何组织各项实践活动。从光炬老师那里学到了很多,不管运用到当时的带训中,还是对后来我在校学生会的工作。”老师的悉心指导给了邢文平一个正确的方向,他朝着前进的目标不断努力。

作为第二届全国高校十佳标兵升旗手,他零失误完成升降旗任务 274 次。邢文平用一句话概括了在国护队的经历:“旗杆高举青春重量,红旗飘扬我之信仰。”

在工作中磨炼,做一个思考者

“脚踏实地,不卑不亢”是邢文平的座右铭,在学生会的工作中,邢文平将这句话落在了实处。从大一进入学院科技创新部开始,邢文平就以一颗充满激情的心面对学生会的工作。大二进入校生活自律部担任副部长,也始终以“律人先律己”的理念要求自己。“作为一个副部,在各项活动中确保部长安排的任务按时完成的同时,也要不断思考,如何用最短的时间、最快的速度高效地完成。”他作为一个活动的执行者不断地站在组织者的角度思考问题。

“大三成为校学生会秘书处的一员。秘书处是学生会的大管家,并且在每个活动中都会看见秘书处的影子。”邢文平说,“各项活动前的策划都要做得详细。活动进行时,遇到某些突发情况应该快速有效地解决。结束后,人员的撤场以及活动现场的清洁等,这些都是我需要考虑的问题”。就这样,他认真负责的工作态度让老师放心,同学们喜欢在他的带领下工作。

邢文平本着脚踏实地的原则,有不懂的地方就去请教老师和学长,不断在工作中提升着自我。“在学生会工作期间,老师给予了很多帮助,从一开始连 Word 和 Excel 都不会用,到最后能够策划一场活动,在老师的悉心指导下我才取得了今天这样的成绩。”

“边工作边思考,做一个思考者。”经历了工作的磨练,邢文平少了一份年少的轻狂,多了一份成年的稳重,在各种活动策划中丰富了自己的阅历,让自己变得更加成熟。

让爱之花开遍世界

“若说青春正当时，最美好的不过脚踏实地，懂得奉献。”对于邢文平来说，志愿活动就是他大学生活的一部分。作为班级团支书的他，带领班级社会实践是必不可少的。“记得当时带领班级走访慰问抗战老兵，同学们自己凑钱买了一点慰问品，去老兵家里和老兵聊天，询问他们的生活和健康状况，听他们讲述当年的抗战故事。同学们都觉得这个主题的实践活动很有意义。”之所以想带领同学们去走访慰问抗战老兵，与在国护队参与的“我向老兵敬个礼”社会实践公益项目是分不开的，该项目以科学完整的“七个一”志愿服务体系真正使老兵受益，并荣获阿克苏诺贝尔中国大学生公益奖金奖、千校千项“最具影响好项目”国家级奖等多类奖项。

作为上合组织青岛峰会新闻中心记者接待站的志愿者，邢文平用微笑迎接着到来的记者们。“当时我们接受了三个多月的培训，学习参会各国的风俗、各种礼仪，还进行必要的演练。”能成为峰会的志愿者，邢文平很是兴奋，“我们面对的是各国的记者，我们所展现的形象代表着中国当代大学生的形象，不能有一点马虎。比方说，经过培训，我们知道俄罗斯送花不喜欢偶数的风格，每次接待俄罗斯记者的时候，我们都会专门制作花朵数量为奇数的花束”。他将所学切实地运用到了实践当中。

邢文平在大学期间不断组织爱国主义宣讲系列活动，深入中小学教育基地、红色革命纪念基地、企事业单位，足迹遍布全国多个省份。

初心未改，终获青春礼赞

在国护队中磨练意志，在校学生会中锻炼工作能力，在志愿服务中实现自我，邢文平从大一时的懵懂少年，到现在的有所作为，他用实际行动证明了只要用心、努力就会有收获。在他看来，这一切的辛劳不过是他人生的跳板，将他带到更高一级的台阶。荣誉只是对自己以前的肯定，这些锻炼让他真正得到的是能力的提升。流下的汗水与泪水不过是过往云烟，这些都只是未来成功的附属品。回首往昔，不曾迷茫；虽有荆棘，无所畏惧；奋勇前进，初心未改，未来可期。

徐赛:逐梦路上,风雨兼程

■ 王 奇

大学就像一场旅行,时光就这样在指缝间悄悄流过。他将时间仔细整理,倍加珍惜,在过往的岁月里,描绘成一幅美丽的画卷。

有理想,何惧山高水远

“大学是知识的殿堂,我们应当管理好自己的时间,避免与活动的冲突,将学习发展到极致。”徐赛说,“学习不是几小时的问题,也不是几天的问题,这是一个日积月累的过程。”对学生干部来说,学生会和班级的事务总会成为成绩不理想的借口,徐赛则不以为然。在别人畅游美梦时,他已经收拾好准备去学习;当别人在课上走神时,他已经记了满满的三页笔记;当别人在宿舍打游戏时,他一人待在自习室复习。时间是海绵里的水,想挤总是会有的。

“我作为一名班助,一个部长,一名学生,一个班委,在2017年9月,压力大得都要爆炸了。那段时间早晨五点半要去带早训,接下来满满一天的课,还要抽出时间来关心一下自己班级里的学习情况,晚上协助教官整理内务。那段时间青农杯排球赛也要开始了，一天的时间一眨眼就没了。”当徐赛回忆这段往事的时候，他眼里含着泪花笑了，这一学期他顶住了压力，考了专业第一。除了重视理论学习，他还通过一些科研项目来提高自己，在参与“温室智能通风设计”课题时，他总是到图书馆去查找资料与文献，与老师、同学们交流好的想法。“我觉得通过参加与科研有关的项目可以打开自己的视野，也让我更深刻地体会到了学无止境。”

付出总会有收获，徐赛连续六个学期获得“三好学生”称号、综合素质被评为“A”等级，连续两年获得三等优秀学生奖学金，曾获得国家奖学金、国家励志奖学金、一等优秀学生奖学金、单科优胜奖学金等多项奖励。

用爱心，照亮前行之路

“赠人玫瑰，手有余香”，当你帮助别人的同时，自己也收获了快乐。“我参加志愿者、义工社会实践，从来没有想过要从中得到什么，我觉得能够帮助更多的人，这是我所喜欢做的事情，也是我所向往的。”

大学伊始，徐赛就选择了社会实践部，一直把社会实践作为自己的本心，于2017年9月任园艺学院学生会社会实践部部长一职，于2018年9月任园艺学院“蒲公英”公益服务团团长一职。因为这份对志愿服务、社会实践的热爱，使他担起重任，砥砺前行。

从2018年5月到2018年8月，徐赛分别获得了全国短道速滑青少年锦标赛、全国短道速滑联赛青年组青岛站、山东省第二十四届运会田径测试赛、山东省第二十四届运会艺术体操、山东省第二十四届运会短道速滑、山东省第二十四届运会篮球女子乙组决赛的优秀志愿者称号。在他看来，能够助人就是快乐，因为那是一份责任，一份当代大学生不应丢掉的品质。

心中有阳光，脚下有力量，他还参加了多次义工活动，在敬老院、自闭症儿童关爱中心、栈桥、第一海水浴场、毛公山、城阳烈士陵园等地留下了身影。那是一份爱的传递，照亮了别人也照亮了自己脚下的路，一条通往善良的路。当谈到社会实践时，徐赛回忆道，“聚是一团火，散作满天星”是他大一时老部长对他们说的一句话，我们聚在一起是大爱，分开了是小爱，人生总有离别，但我们心中的爱不会变。

徐赛一直秉承着那份对社会的爱，连续两年前往枣庄朴山支教，并利用剩余的时间进行专业调研，连续两年被评为山东省“三下乡”暑期社会实践优秀学生，曾获得校级优秀社会实践报告一等奖、优秀学生等荣誉。

把兴趣，当作指引航标

兴趣就像海上的灯塔，闪着耀眼的光芒，在大学里，指引着你寻找属于自己的方向。在匆匆而过的大学生活中，排球是徐赛的兴趣所在，他曾担任学院排球队队长一职，积极参加学院训练和学校组织的排球比赛，并带领学院排球队取得“青农杯”第五名的成绩。在排球训练中他结识了许多伙伴，他们是赛场上配合默契的队友，更是彼此鼓励的好朋友。“我觉得打排球是我从心底喜欢的一件事情，在队里认识了许多小伙伴，我们互相帮助、一同进步，就像中国女排一样，我们会把这种团队协作精神贯穿到生活中，即使遇到困难也不会轻易放弃。”闲暇时，排球场上总会有他挥汗如雨的身影。

排球是徐赛为数不多能坚持下来的爱好，因为排球是一种精神，不轻言放弃的精神，这种精神包含着一种团结。兴趣是最好的老师，因为感兴趣，所以才会静下心来做好这件事。徐赛也会偶尔去跳跳街舞、练练跆拳道、学学轮滑，也会去做一些兼职。“我知道你们非常疑惑，我怎么会有这多的时间去做这么多的事。其实我也很忙，有时候都来不及吃饭，所以我就给自己做一个规划，什么时间段做什么事，每件事规定多长时间完成”，他很坚定地说，“生活中我很忌讳半途而废，在手里的工作没有完成之前不要想着去做更多的事，否则你只能是一无所获”。

最后他骄傲地笑了笑：“2018 届‘青农杯’排球赛，我们学院女排得了第一，虽然男排没成绩。”这也是集体荣誉！

怀感恩，勇破狂风骇浪

其实，谁也没有想到，大一那个文质彬彬的少年会摇身变为成熟稳重的学长。大一时他跟陌生人说话都会脸红，现在他在成千上百的人面前谈吐自如。其实能取得这些成绩，徐赛最想感谢的是一位学姐。“她，一直是我的前进的力量。我失落的时候她会为我加油鼓劲，我成功的时候她会提醒我戒骄戒躁”，他的眼眶再次湿润，“她现在考上了杭州的公务员，所以我要更加努力，因为她会为我的成功而骄傲”。

“我能取得现在的成绩还要感谢身边的老师、同学。我其实是一个很不自信的人，可能是受到身边人的鼓励的原因吧，做事越来越得心应手。”大家对徐赛的认可促使他越来越自信，本来缩手缩脚的他变得有勇有谋。“其实我感觉我们团委老师刘燕杰老师是我的贵人，不管在学生会工作还是在日常生活中，刘老师总是非常和蔼可亲，给了我很多表现的机会，同时对我的工作学习也指导了很多”，徐赛补充道。

他与学习为伴，在知识的海洋里遨游；与兴趣为伴，把自己喜欢的事情做好，不辜负岁月亦不辜负自己；用爱做甘霖，洒向田野，成长为一名有爱心、有理想的当代大学生，照亮他人也照亮未来！

闫娇:奋斗路上的青春故事

■ 肖 洲 毕瑞玉 张 洁

闫娇,资源与环境学院农业资源与环境专业2014级本科毕业生,现就读于南京农业大学。她在校期间曾担任学院第十二届学生会秘书处副秘书长、班级心理委员,在2017年6月成为一名中共预备党员。获2016年度山东省优秀学生干部、2018年度山东省优秀毕业生、2018年度校级十佳学生干部、青岛市高新区青岛(高新区)国际半程马拉松赛组委会优秀志愿者、校十佳心理委员等称号。

优秀,从来不是一朝一夕便能轻易做到;优秀,距离我们也并没有那么遥远。在我们身边,就是有这样的一群人:把拼搏作为习惯,把优秀当作目标;自强不息、艰苦卓绝、梦想未央、奋斗不止。

心之所向,素履以往

当你做好百分之两百时,上帝才会满足你祈祷千百次的愿望,从芸芸众生里选中你,将你留在人迹罕至的雄伟山峰。闫娇作为一名优秀的学生干部,在谈及学习与工作的时间分配这个问题时,她有着自己的独到见解,她说道:"对于工作和学习是否能同时兼顾这个问题，我认为这是不存在争议的。时间就像海绵里的水，挤一挤总会有的，不要去抱怨工作的忙碌，而是要合理利用时间。也许有段时间我们的工作和学习任务都十分繁重，但只要我们合理分配时间并掌握好工作的进度，这些都可以轻松解决。”闫娇在工作方面，兢兢业业，尽职尽责，力求进取，虚心向他人学习，以身作则，得到了老师和同学的认可。

我来时，笑靥如花，满怀期待；我走时，荣耀四方，无所畏惧。这是她作为环境生态工程1601班班主任助理的真实写照，她像对待自己的弟弟妹妹们一样帮助开导他们，让他们度过大学开始的迷惘阶段，能够从容地走向未来。

以梦为马，不负韶华

除了平时的工作和学习，她通过积极参加各种创新创业比赛来充实校园生活，并多次获得奖励。她主持校级创新项目“不同生物质炭的农田土壤固碳研究”并顺利结题，在校申请创新学分6.5学分。在学习之余，积极参与社会实践与志愿服务活动，被评为青岛（高新区）国际半程马拉松赛优秀志愿者。

以前的我们可以调皮，可以淘气，可以撒娇，可以天真，但是今天的我们必须学会成熟。学会熟练从容地应对各种情况，加固专业基础，培养过硬的实践能力，懂得如何让别人认识自己，发现自己，善于交流。

“我一直认为在面对人生道路的选择时都要自己去决定，因为别人无法去对我们的人生负责，要学会对自己负责，只有自己做的决定才不会后悔。未来的路还很长，所有人都需要努力、努力、再努力！只要用心去付出，未来可期，越努力越幸运，我也希望学弟学妹们三年后都能实现自己的目标和梦想！”这是她对学弟学妹们最殷切的期望。

励志为山，砥砺前行

“我要去南农，我一定要去！”在考研复习期间，遇到过各种学习方面的问题，她的解决办法就是一直对自己强调目标，将目标反复说给自己听。当初决定要考研时，尽管从资料和心理上都做了十足的准备，但随着漫长的复习过程，她也曾迷茫过。“适时调整心态很重要！”考研的复习过程需要每个人不断努力，去掌握每个知识点，随着时间的推移以及复习强度的增大，每个人在复习过程中难免会有心态不稳定的时候，这就需要自己去寻找合适的放松方式。放松方式有多种，可以选择向亲密的人诉说，也可以选择听歌、跑步来释放压力，总之一定要有自己调整心态的方法。功夫不负有心人，正是闫娇这种坚定的信念以及不懈的努力，让她成功考入南京农业大学。

“新竹高于旧竹枝，全凭老干为扶持”，意思是说新长的竹子要比旧竹子高，它们的生长全凭借枝干的扶持。“考研期间十分劳累，自己一度产生想要放弃的念头，但身边人的帮助，像一起奋斗、互相支持的舍友，还有既是竞争对手却又处处帮助我的平哥，以及在考试前一天还陪我打针的威哥，一直以来在南农支持我的君姐，不断鼓励我的朋友和学弟学妹们，还有默默付出、陪伴我的家人，他们为我在追逐梦想的道路上提供了巨大的支持，让我不断前行，最终取得成功。”闫娇回忆考研经历时说。考研是一条艰辛又有价值的通向山顶的路，道路虽崎岖难行，可沿途却有美丽的风景，有山顶俯瞰的雄伟壮丽。所以，我们每一个人都需要仔细地考虑考研的问题，才能不耗费青春活力，在汗水和拼搏中收获鲜花和掌声。

万事万物，斗转星移，命运的齿轮时刻转动着，我们做的任何一个决定都会影响到未来的雨露和风景。成长路上满是泥泞，布满荆棘，只有努力完善自己，提高自己的能力和素质，才能让世界不改变我们的初心，让自己不被现实打垮。

做强大的自己，才能应对强大的世界。

杨文娟：博观而约取，厚积而薄发

■ 刘　宁　王冠颖　张　洁

杨文娟，曾荣获国家奖学金、登海种业一等奖学金等奖励，被评为山东省优秀学生、山东省优秀毕业生、山东省社会实践优秀学生、优秀学生标兵、优秀团员、优秀学生干部、社会实践活动先进个人。2015—2017年暑期多次跟随班级、学院参加社会实践，积极宣传实践队伍，所带团队获共青团中央发文表彰，并受到多家媒体关注。此外，她在多项文体活动中表现突出，获得优秀社会实践报告一等奖、校种子质量检测大赛一等奖等荣誉。

抓好主业，踏实求知

2017年，杨文娟成为国家奖学金的获得者，为她大学四年的学习生涯画上了完满的句号。

同学们眼中的杨文娟，无时无刻不在学习，自习室、图书馆随处可见她的身影，她那优异的学习成绩以及对待学习的认真态度总是让人印象深刻。都说青春是一场友谊赛，但她深知，这更是一场淘汰赛。在学习的道路上，唯有勤奋刻苦、踏实求知，方可壮大自己。四年间，杨文娟是这么想的，也是这么做的，她始终走在学习的“第一线”，把学习放在主要位置。

专攻理论学习的同时，杨文娟自己也曾苦恼于如何才能将理论应用于实践。幸运的是，她很快便在实验室里找到了答案。课堂上，她扎实学好专业知识，抓好每一个 45 分钟；课堂下，她便一头扎进实验室，提前接触课题项目。据她回忆，自己曾跟随师哥师姐参与导师林琪教授的“玉米-小麦滴灌水肥一体化”试验项目，做试验期间，没有把知识局限于课本是让她觉得最快乐的事情。经常与导师探讨交流，对所学专业知识融会贯通，不知不觉间，她发现了一个更加广阔的天地，自己的专业能力从量的积累到了质的飞跃。杨文娟的努力奠定了她的显赫成绩：2017 年国家奖学金、登海种业一等奖学金、优秀学生奖学金……这些荣誉是对她最好的肯定。

珍惜时光，不断前行

书有百种——理论是书，实践是书，大学生活亦是书。在杨文娟眼里，不论何种书，朱熹先生的“读书三到”，心到、眼到、口到，她务必遵循。

杨文娟在大学中过的并不仅仅是教室、餐厅、宿舍“三点一线”的生活，学院办公室、社团办公室、学校会议室等地点也是她的常往之地。“我们经常一整天都见不到她，她太忙了，在宿舍也是经常守着电脑忙工作，忙忙碌碌是她常有的状态。”同宿舍的人都异口同声地这样描述她。

不拘泥于死板的学习，杨文娟还积极组织校园活动并参与其中，广交益友是她认为提升自身综合能力最有效的方法。2014—2018 年，她的角色变换多种多样，既服务于学校工作，成为校自我管理委员会策划部副部长及校学生会社会实践部干事，又服务于学院、班级，担任农学与植物保护学院学生会校企合作部部长及班级宣传委员。正因为这四年的忙碌，才使得她不断突破自我，奋进向前。四年来，她积极参加文体竞赛并取得优异成绩：获得种子质量检测技能大赛一等奖、2016 年大学生科技文化艺术节树洞画比赛一等奖、宿舍文化艺术节“致我宿舍的一封信”征文大赛优秀奖，带领“聚焦农村发展现状，助力齐鲁精准扶贫”社会实践团获得团中央学校部和全国学联秘书处全国农科学子助力脱贫攻坚暑期专项社会实践活动优秀团队荣誉称号。

拥有校优秀毕业生、优秀学生标兵、“三好学生”、优秀学生干部、2014—2015

学年宿舍自我管理工作优秀个人等多个荣誉称号的她，谈及众多角色的转换问题，也曾说：“生活节奏的加快有时曾让自己无所适从，但不可否认的是，美好的青春总是属于这些忙忙碌碌的人。”

坚定初心，成就理想

支农支教是大学路，更是人生路。连续三年的暑期社会实践让杨文娟收获不少。从第一年的懵懵懂懂，到三年后的满怀激情，她一直顺从内心的那份执着。2016年和2017年暑期，她两次带领学院“聚焦农村发展现状，助力齐鲁精准扶贫”社会实践团赴枣庄进行社会实践活动，实践故事也被收录于《阡陌众行——全国农科学子联合实践行动记事录》一书中。

投身社会实践、参与瀚生卓越农化班面试、参加种子质量检测技能大赛、设计“思达杯”“秀出我天地”个人简历……一件件自己曾参与过的活动历历在目，对杨文娟后来能力的提升奠定了基础，但考研或就业，是每一个大四学子都要思前想后的一个问题，对于杨文娟亦是如此。与他人不同的是，她早早地就确定好了人生的目标——继续深造。这对于她而言，无疑是最明智的选择，印证了她人生的座右铭：“博观而约取，厚积而薄发。”

现在，杨文娟于西南大学继续研究生学习。大学四年留给她太多东西，但她觉得，任何荣誉都只能代表过去，唯有凭借自己一步一个脚印的努力和坚持，才能拥有更灿烂的明天。

战泓玮：生而为“学”，做一个人生的思考者

■ 王宏儒　嵇安奕

人生最精彩的不是成功的那一瞬间，而是那漆黑而看似没有尽头、苦苦摸索的过程。从本科到研究生，从一个稚嫩的传媒青年，成长为学术新秀，战泓玮一直行走在传媒路上。我们看到的是本科就担任学院社联主席、学生会主席，积极为学生服务的他；看到的是专业第一，学分接近满绩点，几乎包揽所有大大小小奖学金的他；看到的是创立《新传媒》报，不断钻研专业的他；看到是参与复旦博士生论坛、中传博士生论坛，经常出入大大小小学术论坛的他。

世界那么大，出去看看不只是说说

对于实践，战泓玮也有自己的想法。对自己前途的信心使战泓玮在学习之余，不忘走出去看看，去观察社会的脉搏。他一直说，作为大学生，不能只读圣贤书，也要看看窗外事。几乎每年寒暑假，战泓玮都花费一周的时间用在社会实践上，担负起青年学子的社会使命。在本科期间，他走过了菏泽、济宁、滨州、淄博等 10 多个省内城市的数十个田间地头，到基层实践调研新媒体环境下的农业情况，去服务基

层。所在团队连续三年被评为山东省社会实践优秀团队，其撰写的调研报告多次获奖，个人也荣获山东社会实践优秀学生。

当然，实践的形式有很多种，在感受新农村建设的过程中，他也积极走向更广阔的平台，参加世界青年论坛北京峰会，就联合国“消除贫困”的议题进行了两天的讨论，最终“消除贫困”议题组一致同意，将他的“贫困聚居区的极端贫困问题”作为最终论坛大会发言的主题进行展示，战泓玮也作为“消除贫困”议题的发言人在中国人民大学逸夫会议中心进行了8分钟的主旨演讲。

此外，在多元化实践的过程，也不忽视自己的专业实践。行走在实践路上的战泓玮不忘自己传媒人的身份。他认为，“以青年视角关注校园内外”是每一个媒体人的责任。他先后参加了中国高校传媒联盟和其他媒体的大大小小的各类活动，积极采访报道校园内外的新鲜事。他曾当选第四届山东校媒联盟新媒体部部长，入选2016中国大学生新闻通讯社新闻评论部实习记者。

学术科研仍然充满魅力

相比社会实践的丰富多彩，学术研究的枯燥乏味令很多人望而却步，但战泓玮说，学术科研对他而言，充满魅力。

经历过高考的洗礼，战泓玮向父母立下誓言，决心改变自己，做一个勤奋自律的人。步入大学校门伊始，他并不是学生中的佼佼者，作为来自农村的孩子，学习、生活各个方面都充满挑战。他说：“当身处逆境时，我认为自己有足够的实力迎接挑战，因为我勤奋、有毅力，我肯求知。”

为了实现对父母的承诺，战泓玮只有加倍努力，要想实现人生的抱负，学习是唯一的武器。除了认真听课外，他课后也开启了“泡图书馆自学”模式。最初连计算机打字都不熟练、操作软件并不得心应手的他，不断学习。虽然艰辛，但战泓玮觉得十分充实，“在日常生活中，我一直为自己打气，可以说，我的内心是骄傲的。因为你看见身边的人每天沉醉在物质欲望中，而自己得到的知识的滋养越来越多”。

入学成绩在20名开外的他，严于律己、勤奋学习，向同学、老师虚心请教问题。成绩从大一的第七前进到第一，一直在稳步提升，在2015—2016学年第二学期，平均学分绩点更是达到4.0满绩点。从他身上，你可以看到连续八学期综合素质测评第一的光彩；看到获得国家奖学金、新东方奖学金、国家励志奖学金、中国电信奖学金•飞 Young 奖、齐鲁学子奖学金、六合奖学金、唯品会助学金等各项奖学金和中国大学生自强之星提名奖、山东省自强之星（授出彩奖）、十佳大学生、青岛农业大学优秀学生标兵、十大诚信自强之星等荣誉称号的学生的风采。

学习成绩好，不代表专业能力强。在 2013 年秋季，也就是入学的第一学期，战泓玮便在学习专业课的同时，萌生了创办一份报纸的想法。说做就做，他积极征询班主任和任课老师的意见，得到老师的鼓励后，他开始了自己的创作之路。排版不会，他去图书馆查看排版编辑书籍；人员不够，他号召全班投入报纸的制作中，开启全员办报模式；资金不够，就去拉赞助，积极争取学院老师的支持。到目前为止，《新传媒》已经走过了 5 年的光阴，印刷 70 余期，印刷量超过 3 万份。

对战泓玮而言，大学的学习充实而又丰富，每节课，你都会在前两排看到他的身影，课后，经常看到他和老师在讨论问题。但理论学习最终还要落实到实践中，他一直想参与研究项目，终于这个机会在大二这一年到来了。专业任课老师需要调研的同学参与项目，战泓玮抓住机会，积极报名，出色的表现使得老师对他另眼相看，使得他能够参与山东省委宣传部课题、青岛市重点课题“新媒体环境下涉农舆情”调研。

有了第一次的经验，战泓玮对学术研究产生了浓厚的兴趣．之后，他不断投身学习，主持调研项目参加第十四届山东省“挑战杯”课外学术作品竞赛，获得省级二等奖、校级一等奖；主持国家级大学生创业实践项目 1 项，主持参与校级大学生科技创新项目 3 项；参与山东省社会科学界联合会项目“齐鲁文化在山东影视动漫产业核心竞争力提升”调研，经过专家审核，项目顺利结题。参加中国大学生“互联网 +”创新创业大赛，所在团队荣获国家级银奖、山东省金奖。

优秀是一种习惯，善用每一个机会

优秀是一种习惯，一旦养成，便时刻精彩。从青农大毕业后，战泓玮不负众望，考取了辽宁大学传播学专业继续攻读硕士学位，良好习惯的养成也让战泓玮在研究生期间依然闪亮。

实践的路上，他一直都在。在研究生生活的第一个学期，对于生活环境还不熟悉的他，就带着勇气，踏上火车，前往大连瓦房店进行社会主义核心价值观调研，了解民情，倾听民意，凭借着本科时积累丰富的实践经验，战泓玮获得了当地的好评。回校之后，他荣获了辽宁大学研究生中国特色社会主义理论与实践报告一等奖，成为新闻与传播学院荣获的唯一一个一等奖。

学术的路上，他一直都在。本科就打下学术基础的他，研究生延续着这种习惯。在广州中山大学，在重庆西南大学、重庆大学，在上海复旦大学，在北京中国传媒大学，他凭借着对做学问的执着追求，通过高度的自觉、自理、自立的状态，努力认真地完成专业，不断提升自己的学术研究能力。读研究生一年下来，战泓玮累计精读了50余本专业书籍，翻阅近千篇论文文献。优秀的他也荣获了一等奖学金，被授予“沈阳市优秀研究生”荣誉称号。2018年12月，经过层层选拔，他被辽宁大学新闻与传播学院作为第一推荐人推荐至我国台湾地区高校开展了为期两个月的两岸大众传播学交流活动。

勤奋努力、沉稳低调、为人温和是战泓玮人生原则，他时刻不忘以一颗赤子之心进行服务和奉献，用实际行动践行着一个优秀大学生最真挚无私的职责和社会使命。有志诚可乐，及时宜自强。未来的路还有很长，在今后的人生旅途中相信他将继续凭借坚强的意志、永不止息的奋斗精神，在接下来的研究生生活中不断地挑战自我、超越自我、完善自我，用自己辛勤的汗水谱写辉煌的未来。

张帆：让努力成为一种习惯

■ 王　燕　王伟峰　田保玲

张帆，化学与药学院化学工程与工艺专业1401班学习委员，中共预备党员，于2017—2018学年获评十佳大学生和国家奖学金，2018年成功被中国科学院长春应用化学研究所录取。张帆是同学们眼中不折不扣的学霸，但她却说自己只是把努力当成了一种习惯。

坚持努力，收获学习硕果

从入学之初，张帆就树立了正确的学习态度，有着积极的学习状态和明确的学习目标，勤奋努力，具有扎实的专业知识，并逐渐形成了自己的理论知识体系。

"我觉得大学里的学习主要是自学，要改变以前被动的学习方式，并适应现在主动性的学习方式；其次要学会合理安排时间，在每天不同的时间段安排不同的学习内容，学习其实并不是一个枯燥的事情。"

越努力越幸运，优异的成绩便是对张帆在学习上付出过的努力最好的回馈：2014—2015学年第一学期到2017—2018学年第一学期连续七次综合素质测评等级为“优秀”;连续七学期被评为校级“三好学生”;获得两次一等优秀学生奖学金,一次二等优秀学生奖学金和国家奖学金;获评2017年度省级优秀学生、国家奖学金;2018届省级优秀毕业生、十佳大学生、百优学习标兵。

在扎实学习理论知识的同时,张帆积极参与大学生科技创新立项和技能大赛等创新活动,坚持在实践中创新,在创新中学习。2015—2016学年第一学期,张帆参加了王进平老师指导的“天然合成的碳量子点在生物成像中的应用”课题,得到指导教师的肯定。2015年12月,张帆以项目主持人身份申请创新立项并成功列为校级立项。2016年11月张帆获山东省“欧倍尔·隆腾杯”第五届大学生化工过程实验技能竞赛三等奖、2016年5月获青岛市数学建模联赛二等奖。

“成功的花,人们只惊羡她现时的明艳!然而当初她的芽儿,浸透了奋斗的泪泉,洒遍了牺牲的血雨。”这满满的荣誉背后,是张帆的付出和努力,她像一个行者,从未停下前行的脚步,向着那梦想的远方前行。

创新实践,实现全面发展

在校期间,张帆担任班级学习委员、院心灵协会秘书长。无论是班级工作还是协会工作,张帆都是积极主动、认真负责、敢于担当,全心全意为同学服务,工作成效显著,2014—2015学年连续两次获评校级优秀学生干部,获得优秀学生干部奖学金。老师们说张帆是他们的好帮手,同学们说张帆是一个贴心的朋友。

同时,张帆注重理论与实践的结合,为提升自己的社会实践能力,2016年暑假张帆加入校化学与药学院“向阳花开”西部支教队,在支教期间,积极配合队长工作,担任新闻联络员,主要负责实践队里的宣传工作。她积极促成与中国海洋大学、中国石油大学等多所驻青高校在甘肃省兰州新区建立支教基地。团队实践成果最终以24篇新闻报道、2场宣讲会以及建立支教基地的形式展现,并在中国青年网、西部商报和校园各大网站上发表新闻20余篇,相关直接受益学生300人左右,农民200余人。

“社会实践是引导我们走出校门、走向社会、接触社会、了解社会、投身社会的一种良好形式,社会实践培养了我与社会各阶层人的感情,拉近了我与社会的距离,也增强了我的耐心与责任心,是对我自身能力的极大的锻炼。”张帆这样说社会实践的收获。

信念坚定，圆梦考研之路

“我考研的目的就是想继续深造，我觉得自己应该在年轻时多学习，完善自己。”大二那年她在跟随从中科院长春应用化学研究所毕业的王进平老师做实验时，便不由自主地喜欢上了这家研究所，于是确立了自己的考研目标，在参加技能大赛的过程中她笃定了高分子的研究方向。有了方向，张帆的心里就一直拥有着必胜的信念，做好周密的计划，朝着心仪的学校努力。

考研备战的过程是艰辛又漫长的，付出的努力也是异于常人的。张帆每天早上5:50起床，匆忙吃完早餐就要抱着一摞书去图书馆占座，那时图书馆自习室还没开门，就把书放在门前代替自己排队，自己就躲一边背书。当8:00自习室的门一打开，她就会立即进去，开始一天的学习。在复习考研方面，张帆有着自己的方法。张帆把每个阶段的复习任务划分好，并制订好每天的学习计划，按照计划一步步来，扎实复习。并且她都会定期进行自我测验，评估自己的水平。“考研复习的效率很重要，我付出的时间可能不是最长的，但我确定自己在学习的每一分钟都有100%的效率。不一定要硬逼着自己学习，要做到劳逸结合，在学习中找到乐趣。”张帆说。

说到考研，心态是很重要的一方面，张帆用“人因信念而强大”形容自己的考研经历，也正是这句话一直支持着张帆在考研之路上前行。张帆说：“考研是一场越来越艰难的战役，与高考最大的区别就是谁的意志越坚强，谁就能笑到最后。人因信念而强大。就像暑假的时候，天气炎热，但却是考研决胜的关键时期，只要信念坚定，坚持下来的就会是胜利者。”

成长总是在不经意间完成的，张帆始终有一颗追梦的赤子心，让努力成为一种习惯，张帆真的做到了，完成了自己的目标。毕业的张帆，对学弟学妹们也留下了自己的青春寄语：“在大学期间能够明确一个目标、为之努力奋斗是一件很宝贵的事，希望各位学弟学妹们能尽早明确自己的方向，付出行动，把握好青春的每一天。”

张亚楠：国护巾帼，点亮青春底色

■ 王　敬　孙澎源　马　双

“热爱祖国，这是一种最纯洁、最敏锐、最高尚、最强烈、最柔情、最有情、最温存的感情。一个真正热爱祖国的人，在各个方面都是一个真正的人。”在虹子广场，一个自信、勇敢的女孩正向着她心中的那束光昂首阔步，骄傲前行。

每周一的清晨，当国歌的前奏缓缓响起时，有那么一群人，迈着整齐的步伐，庄严而隆重地走过虹子桥，来到国旗下，行军礼，升国旗，多年如一日。而在这群人中，一位佩戴指挥刀、单独一列的女孩格外引人注目。她就是校国旗护卫队第十四届队长、生命科学学院生物技术专业1403班的张亚楠，穿着红色制服的她走在队伍的前方，干练、自信、阳光。

心之所向，便不顾风雨兼程

2014年9月3日，刚进入大学的张亚楠对大学生活充满了憧憬。当她看到那些身穿迷彩服的国旗护卫队队员时，仿佛在黑暗中寻找到了一束亮光，毅然决然地加入了这个令她热血澎湃的组织——国旗护卫队。

经过长达一年的训练，她终于成为一名正式队员。从普通队员到队长，她始终坚持跟随队伍一起训练，不断强化自身动作，在训练中与队员共同成长。每天早晨五点半的闹钟响第一声，她便马上起床，当舍友们还在熟睡时她已经洗漱完穿上迷彩服来到主楼前准备训练，连续三年从未间断。晚上下课之后她匆匆把课本交给舍友说一声“我去训练了”，便又飞快地奔向主楼。曾经她也想过装病、赖床，但是她知道，既然选择了远方就应该风雨兼程。不管前一天多么疲惫，第二天她还是会准时来到主楼前，正是因为心中的这份热爱，她一路走来，不畏艰苦、勇往直前，披荆斩棘，踏遍繁花。

生活中的她乐观开朗、自信大方，可在训练方面她却是严格要求、纪律分明，队员们对她可谓是又爱又恨，但也正因如此，队伍正直、严明的风气才得以更好地传承下去。撇刀、握刀、拔刀、立刀、吻刀、立刀、收刀……这一套专属于国旗护卫队队长的拔刀动作已然深深刻在了她的脑海中。握着指挥刀的她参与了国护队的过去，也谱写着国护队的未来。

2016 年 7 月，张亚楠参加了首届“全国高校十佳升旗手”评选。经过一个月的网络评选，共有 67 所高校、16 万余人参加网络投票，经过专家评审，结合网络投票结果，她入围前 20 名，获得进京参赛资格。在京评选期间，张亚楠经过基础动作、专业动作、演讲口才、国旗知识、综合印象、观众评议 6 个环节的严格考核，从 20 名高校升旗手中脱颖而出，位列十佳，荣获“全国高校十佳升旗手”称号，这是对她国护生涯的最高奖赏。

继承创新，实践中求得发展

2015 年 5 月 4 日，她第一次参加升旗仪式。从这天起，从他们开始，青岛农业大学的升旗仪式有了全新的变化。在指导老师与历届团队支部成员的不断研究与实践下，完全按照天安门国旗班的升旗流程打造了属于青岛农业大学的升旗仪式，国旗护卫队也迎来了更美好的明天。

2016 年她带领队员们继续开展“我向老兵敬个礼”志愿服务项目，不断完善、创新形成体系。暑假期间她留在学校与小组成员走访城阳区的抗战老兵，为了寻找这些老兵，他们一次又一次去往各个社区寻找，在区政府和社区委员会的帮助下，她们顶着骄阳、带着慰问品，怀着满满的敬意在 15 天里拜访了十几位老兵，记录了他们的英勇事迹，为他们送去了祝福和慰问。他们把记录下来的故事写成书，让更多的人了解这段真实的历史，把这些事迹宣传到周边的各个学校，呼吁更多的青年人燃起爱国热情。他们发起的微博话题“我向老兵敬个礼”无意间走红网络，话题阅读量达 8.7 亿，得到齐鲁电视台、大众网等多家媒体报道，引发积极的社会响应。“我向老兵敬个礼”志愿服务项目获得了山东省第二届青年志愿服务大赛金奖、第五届阿克苏诺贝尔中国大学生社会公益奖金奖。

她还带领国护队员走进了井冈山，成为第一支在井冈山上升旗的女子国旗护卫队。2016 年国庆期间拍摄并推出的《爱在行，国在心》爱国主题宣传片被团中央、团山东省委等转发宣传，获 60 万次播放量。大学期间，她荣获了青岛市社会实践优秀个人奖、青岛市大中专学生志愿者暑期文化科技卫生“三下乡”社会实践优秀学生、校级优秀社会实践个人等称号。

展望未来，让优秀成为一种习惯

从大一的普通队员到大二担任支队长，再到大三成为队长，张亚楠一路走、一路收获，与一群一起站过台阶、一起端过腿的“战友”共同进步。每天早晨见到的第一群人是他们，晚上睡觉前见到的最后一群人也是他们，他们甚至比同班同学更加亲近，因为他们一起吃过苦、流过汗；同时他们还有一位认真负责的指导老师——王光炬老师。工作上他带领国护队的队员们积极开展工作，生活中他关心每位队员的成长，为他们排忧解惑，像火炬一样指引着他们前进，更像一位父亲关心着他们成长，为他们指引方向。“爱国、团结、奋斗、创新、奉献”的国护精神、“让优秀成为一种习惯”的国护理念，这些话语张亚楠时刻铭记在心，一日国护人，一生国护魂，她为自己是一名国护人感到骄傲！

在大学四年里，张亚楠还担任了班级的组织委员和学院艺术团团长，积极开展班级工作和学院工作，带领班级同学开展趣味运动会、定制升旗日等活动。五环能看到他们嬉笑打闹的身影，主楼前能看到他们肃立注目的神情，这些活动增强了班级同学之间的凝聚力，点燃了同学们的爱国情。源于对音乐的热爱，张亚楠在大一加入了学院艺术团声乐队，积极参加学院开展的艺术团周年庆等活动，在大二就担任了艺术团团长。任职期间她制定了艺术团的演出程序，系统整理了艺术团的发展史，为艺术团的发展贡献了自己的力量。因为热爱所以坚持，因为坚持所以拥有。张亚楠在大学期间所有的经历都成为了她最宝贵的财富，为她以后的工作学习奠定了基础。她说，在人生的路上或许会迷茫会失措，但只要找到心中的明灯便不会迷失方向，找到信仰就能让思想迸发出火花，拥抱希望才会让未来散发出光芒。

赵鑫源:播种和收获本就不是一个季节

■ 王传兴　蒋雨佳　马　灿　嵇安奕

在每一个这样的早晨,晨光透过窗户洒落在书桌上,当其他人还在温暖的被窝安眠时,他来到教室,低着头、俯着腰,整个人埋入书中。耳之所听,除了窗外的风声,便是他"唰、唰、唰"的翻书声。他的表情时而凝重,时而轻松,整个身子一动不动,大脑却在飞速运转着。他,就是赵鑫源。

赵鑫源,动物医学学院动物医学专业2015级学生,中共预备党员,2017—2018学年动物医学院学术部部长,校级优秀学生干部,2018年校十佳大学生。

学无止境,播种希望

2015年9月,赵鑫源背着行囊,来到了青岛农业大学。抬头望着蓝色的天,低头看着宽阔的路,他不禁对这大学四年充满了无限憧憬。他深知大学生活需要好好珍惜,努力学习、刻苦向上才是一个大学生应有的样子。他充分利用空闲学习,朝闻晨露,夕沐月光。"有目标的人睡不着,没目标的人睡不醒",赵鑫源笑着说道,看似风轻云淡,但这背后的辛苦又有谁知!

宝剑锋从磨砺出，梅花香自苦寒来。赵鑫源凭借严谨的治学态度顺利通过全国大学生英语四六级考试，拿到了2015—2016年的优秀学生一等奖学金，多次获得企业奖学金、精神文明单项奖学金，连续4学期综合素质测评为A并被评为“三好学生”。“你必须非常努力，才能看起来毫不费力”，赵鑫源一字一句、铿锵有力地说道。

躬行实践，浇灌汗水

“只有把我们所学习的知识真正运用到实践中去，才能掌握更牢，使用更活。”实践出真理一直是赵鑫源前行的航标，从2017年6月起他便进入动物医学院预防实验室跟随老师和师哥师姐观摩学习，在提升自己的同时还协助2017届动物医学专业本科毕业生顺利完成毕业论文《三种消毒剂的抑菌活性研究》。可赵鑫源并没有就此止步，他对知识的探索仿佛是团永不熄灭的火，熊熊地燃烧着。2017年暑假他申请留校，想要对该实验进行更深层次的研究，所以他自己摸索着，通过改变对96孔板所加稀释液来进一步探究三种消毒剂的活性。

有了切实的科研实践，自己的动手能力和实验操作水平也都得到了很大的提高，赵鑫源趁热打铁，在2017年11月成功申请了校级大学生创新立项“不同饲养模式下不同日龄的白羽肉鸡肠道菌群差异性分析”并担任主持人。在项目实施期间，他展现出较强的组织能力、科研能力和创新能力，引导项目向良好方向发展。

赵鑫源从未放弃任何一个可以得到锻炼的机会，2018年7月他参加了“比瑞吉杯”青岛农业大学第五届外科手术专业技能大赛，比赛过程中表现突出并荣获三等奖。他除了积极参与科技实践活动外，对于社会实践活动也是十分关注，在2017年11月举行的“泰山学者”论坛中，积极参加志愿服务，勤勤恳恳，认真负责地完成了各项后勤工作，确保会议正常有序进行。

“虽然实践探索的过程会很辛苦，有时候会和师哥师姐们一忙就是一晚上，那种一起工作、一起学习的氛围至今都让人怀念，还有知识从无到有、从陌生到熟悉的过程简直妙不可言”。

背负使命，收获硕果

丁玲说，人生就像爬坡，要一步一步来。赵鑫源又何尝不是如此？大学生活的每一天，他一步一个脚印地践行着学习的本义，简单的事情重复、再重复，就这样循序渐进，渐入佳境。看似“两耳不闻窗外事，一心只读圣贤书”的赵鑫源也有着令人敬佩的责任感与使命感。从入学开始他就积极承担班级事务，担任班级临时负责人，认真协助班主任和班助处理好新生班级的一系列事务。在动物医学院学生会工作期间，成功举办了图书漂流、四六级经验交流会、考研经验交流会等一系列活动，协助学院老师进一步加强了学院学风建设，工作认真，得到了老师的一致好评。他脚踏实地，积极为同学们服务，切实为同学提供帮助，极强的奉献精神深深感染着同学们，在大家心中威信较高。

2018 年 4 月，赵鑫源成为学校第六届“身边的青春典型”事迹团宣讲员，“我想通过我自身的事迹去感染、激励、教育更多的同学去共同进步，共同提高”，赵鑫源目视前方，眼神坚毅，他认为自己的责任不仅在宣讲，而是宣扬使命感，一种能够带动更多人的正能量。

光阴如流水，赵鑫源努力不辜负每一天，一直严格要求自己，提醒自己注重发展综合素质，努力在各个方面不断完善和充实自己。他不断尝试跨过思维界限，努力克服行动上的懒惰，让自己变成越来越优秀的人。展望未来，他眼中看到的是一片光明。

赵轩赫：不断前行的青农人

■ 孙　杰　孙晓凤

赵轩赫，2017年7月毕业于理学与信息科学学院通信工程专业。在校期间连续三年专业成绩排名第一，曾获中国电信奖学金、山东省政府奖学金、一等优秀学生奖学金、山东省优秀学生、第九届“五四”青年标兵等多项荣誉；曾任青岛农业大学2015届学生会常务副主席兼文艺部部长，入选第四届“身边的青春典型”宣讲团，本科毕业论文获评优秀毕业论文。毕业后就职于杭州宏杉科技股份有限公司，现任产品经理职位，负责企业级自主可控存储以及NAS存储阵列产品。

带着期许，拥抱大学生活

“大学是自我意识发展的萌芽阶段，我希望通过自己的努力，拥有一个丰富、充实而饱满的大学生活，使思想日趋成熟，阅历更加宽广，在学业上取得精进，在处事上获得历练。”这是他对大学生活的期许，也是他在四年时光里一直坚持的东西。在大学期间，他培养了读书、写诗、旅行等多方面的爱好，在书本中丰富自己的思想意识，在诗词里记录自己的所思所感，在旅行中拓展自己的人生阅历。这既是在繁忙的学业中寻求平衡，也是在成长的路上不断调整和提高。在校时，赵轩赫一直有清晰的个人规划，在学业上严格要求自己，全面提高自身综合素质，并且积极参加各项社会实践活动，参与组织学校大型文体活动，不断拓展个人能力和交际圈，在各方面均取得了优异的成绩。通过不断努力，先后荣获国家级奖励 2 项、省级奖励 2 项、校级奖励 33 项、院级奖励 11 项，共计 48 项奖励。

年龄在增长，思想也要更成熟

“身处时代发展的潮流中，每一位当代大学生都应当是国家青春力量和先进思想的象征。”赵轩赫在校时喜欢读哲学和历史方面的书籍，通过阅读不同的哲学书籍、历史人物传记，使自己的思想更加成熟，并于 2015 年 12 月光荣加入中国共产党，成为一名共产党员。在每一次党员集体学习和自我学习的过程中，强化自己的历史责任感和使命感，不断为自己的学习和生活增添新的动力。

“作为一名学生，在校期间最重要的任务就是学习，不断精进学业，以求习得立身所长。”他一直秉持着“学习是学生在校园生活中的首要任务”的信念，从未放松过对学业的要求，始终保持认真谦虚的学习态度，通过多问问题来填补知识盲区，提高自己的专业知识水平，最终取得了优异的成绩。在谈到师生关系时，他说：“在四年的大学生活中，我能够在学业上获得进步，离不开老师的悉心教导。在接触过程中，我感觉老师们不仅是良师，更是益友，这让我更加喜欢学习和提问。”他在完成课程学习之余，通过实践不断提高自身素质，为同学们树立了良好的榜样。

积极探索，莫要错过广阔舞台

“大学是一个人从少年步入青年、从懵懂逐渐走向成熟的关键人生阶段，大学的经历往往对我们今后的成长产生重要影响。”在大学生活期间，赵轩赫不仅完成了学业方面的要求，还结合自己的性格特点和文艺特长，积极参加学生组织和团体活动，既借此结识了新的朋友，同时也在校园实践中拓宽了自身发展的方向。用他自己的话说，大学生活中有三大板块：课业学习、学团活动、阅读旅行。三年的学生会工作让他成长了很多，不管是在协调组织能力和团队协作能力方面，还是在语言沟通和交际关系处理方面，他都得到了锻炼。在担任学生会干部期间，他参与组织策划了四年的欢送毕业生晚会，两年迎新文艺晚会，第十届、第十一届大学生科技文化艺术节，“咱们团里的人”元旦文艺晚会等多项大型校园文化活动，积累了丰富的活动经验，并且获校优秀学生干部、优秀学生会干部等多项荣誉称号。正是通过这些锻炼，他接触到了更多的老师、团队伙伴以及学弟学妹，互相学习和成长。毕业后，在公司筹办年会期间，他也担任主持以及组织策划工作，这得益于他在大学里一次次活动的积累。

毕业之前，给自己多留些回忆

“大学时光之所以难忘，不仅是因为它见证了我们最好的年华，更是因为在这四年中我们变得更加完整，也更懂得成长的意义。”除了课业学习以及学生会工作，赵轩赫同学也有自己的课余生活规划。在四年的大学生活中，他参加过学校的演讲比赛、主持人大赛、职业生涯规划大赛；也组建过自己的摇滚乐队并担任鼓手；此外，他还设立了“行走中国”和“百所重点高校巡游记”旅行计划，目前已经走过了全国25个省份、50多座城市，走访了全国100所重点高校。在旅行的路上不断拓展自己的视野，遇见不同的人，领略不同的风土人情，感受祖国山川河流的壮美，沉淀一路走来的思想和灵魂。此外，他还到留守儿童学校参加“三下乡”社会实践，利用寒假时间到实习单位勤工俭学，自己负担大学期间的学费。他在2014—2015学年学团工作表彰大会上作为学生代表进行演讲，演讲全文在校级刊物《虹子学苑》和校团委网站上刊登。此外，他也喜欢习文写诗，并且创办了个人自媒体公众号——“孤旅诗人”和“行影青年”，将生活写进字里行间，记录自己成长路上的点点滴滴。所有这些经历不仅丰富了他的大学生活，更给自己留下了大学时代的青春记忆，同时也带给了他更多的成长积淀和精神收获。

走出校门，代表的是“青岛农业大学”

“学校的声誉是由每一届毕业生不断塑造起来的。毕业后的我们，应该多想想能回报给母校什么。”大学最后一个学期，他前往深圳进行毕业实习，在这个改革开放之城、创新之都，他一边实习，一边感受深圳的城市环境和行业生态。“一个学生在校学习期间，是以学校教学资源为基础，通过自主学习能力来推动个人学业，这个时候是学校给我们提供了成长的环境。但是毕业之后，当我们步入社会，我们不单单代表着自己，还代表着家庭和学校的教育成果，所以一言一行都要谨慎。当我们作为青岛农业大学毕业生走向工作岗位，这个标签是一种监督和激励，做好分内之事，给身边的同事一个良好的印象，这对母校的声誉也有积极影响，是一个良性循环。”赵轩赫感慨道。

一路的成长，有顺境也有逆境，有清醒期也有迷茫期，他渐渐形成了自己的人生信条。他的座右铭是：“奋斗没有终点，坚持努力向前！没有多么遥远的路，只有可否坚持的心！”他勤奋刻苦，追求进步，自立自强，要做最好的自己。未来道阻且长，还需顽强成长。

赵迎雪:在音乐中寻找自我

■ 王汝雪　宋颖芳

或许你没有听说过赵迎雪这个名字,但一定听过"演唱大魔王"。或许你没有专程来看过她的比赛或演出,却经常在五环操场教学楼道里听到有人练唱的声音。或许你根本就不认识她,但她的声音一定曾经伴随过《故梦青农忆》的旋律飘入你的耳朵。她就是来自管理学院市场营销专业2014级的赵迎雪。

热爱就不要让它再等待

唱歌可能是她从小到大除了吃饭睡觉外做得最多的事情了,哼唱往往是从洗漱开始的,伴随着让人绞尽脑汁的作业,生活就不会显得孤单和痛苦。记得大一迎新晚会的时候,看到舞台上有代表大一新生唱歌的同学,是那么自信迷人,令人羡慕,当时在台下的赵迎雪就决定也要站上这个舞台。随即赵迎雪就参加了"青春我最虹"第十四届"展特长　推新人"声乐类比赛,但由于缺乏经验,只得到了优秀奖,但这并没有打击她要唱歌的热情,反而激发了她想要唱得更好的想法。

随后,赵迎雪被选进了大学生艺术团声乐队,真正的学习旅途是在这里开始的。在这里她认识了很多有才艺的人，他们都有各自的风格和特点，他们跟赵迎雪一样热爱音乐，想要在声乐队的大家庭里学习和发展。平时他们会为各种表演做准备，往往每一个节目都要至少提前一个月来排练。每天晚上要把这首歌唱上好几遍，找出最好的一遍记下来，队长和队友也会给她很好的唱法建议。台风走位的训练也是一遍又一遍，生怕出一点问题。

情寄艺术团，绽放自我

借助艺术团的平台，赵迎雪有了很多表演实践的机会。一次次的经验积累让她成长了很多，在接下来的“雪碧音碰音，青春练习生”校园歌手大赛上她取得了三等奖的成绩。“我记得在城阳人民会堂‘高雅艺术’惠民演出‘流行经典’专场音乐会时，舞台上有一个小姐姐顶着39°的高烧进行表演，如果不是主持人说出来，你完全看不出她生病了，她没有因为身体的原因而对表演的质量降低要求，她对于音乐的热爱、对于舞台和观众的尊重深深地打动了我。这件事情也一直提醒着我对于音乐和任何事情都要保持初心，保持那份热爱与纯净。”之后她更加珍惜每一次表演机会，通过唱歌，让很多人认识了她。

音乐不仅仅是用来表达自己的，它还需要很多人去产生共鸣，甚至留下深刻的记忆。赵迎雪依稀记得，有一次在路上突然有一个陌生的学长问她，是不是唱《她说》的那个姑娘。她吃了一惊，心想两年前的事情竟然还有人记得。那个学长说他很喜欢这首歌，说赵迎雪唱得不错，继续加油。这件事情让她明白，唱歌是可以走进他人心里的。可能一首歌你会唱一百遍，但是每一遍你都要拿出最好的状态来，因为你是不变的，而听者是变化的。同样，你也不知道在何时会有人因为你的歌而产生幸福感。

一件件美好事情的发生更坚定了赵迎雪唱歌的信念。她参加了校园“达人秀”的比赛并拿到了冠军，第十一届大学生科技文化艺术节“悦唱乐享”校园歌手大赛拿到了一等奖，第十一届大学生科技文化艺术节“我为歌狂”外文歌曲大赛同样也是一等奖。校外的比赛也是一样没落下，在“百事校园最强音”拿到了省第二、市第一，山东省大学生才艺大赛也是取得了一等奖的好成绩。

此外，赵迎雪也会跟大家一起“玩”音乐。几个志同道合的小伙伴会组织合唱比赛，一起为了学院和班级的荣誉努力。记得科技文化艺术节时，一起在早晨六点到主楼前排大合唱，有时为了排练进度，中午也不能睡觉，下了晚自习更是加紧排练，每个人都很努力。一切辛痛都在一等奖证书颁发时变成了值得的喜悦，作为组织者与参与者又是一份别样的收获。她喜欢把她对音乐的感受分享给别人，看到小伙伴们在音乐里成长，她感到十分幸福。

欢喜离别，故梦青农忆

回忆起大学生活里的点点滴滴，赵迎雪说：“大学四年，我成长了，要感谢的人也很多很多。谢谢我在艺术团遇到的好闺蜜，她教会了我在音乐里要自信；谢谢声乐队的队长队友们，他们教会我在音乐里要努力；谢谢艺术团的指导老师们，他们教会我在音乐里要不断改进突破；谢谢那些听过我唱歌、一直鼓励我的那些认识的、不认识的朋友，那些社交平台纸条上还有口头上的鼓励，我永远都会记在心中并化成前进的动力。四年时光，要感谢的人太多太多，出现在生命里的每一个人，他们都曾经教会你一些东西，都值得去感恩。”

用音乐的方式结束大学的四年时光是最完美的句号了，但是那个场景太悲伤，赵迎雪曾看到过很多学长学姐的个人演唱会，他们最终都舍不得这个地方，这段时光，所以一开始她拒绝办演唱会，她的朋友也找她，问她为什么不办，她回答，“我不想音乐里有悲伤”。直到一次街头表演完，她突然觉得可以用音乐交流会的形式办，不用悲伤，只是让大家沉浸在音乐里就好。从想到办只用了 3 天时间，没有排练，也没有多大的舞台，只是在五环操场上摆了设备和朋友一起开开心心地唱了歌，但效果却出奇的好，唱的人开心，听的人也开心。

虽然告别了生活校园，但是赵迎雪很庆幸用音乐的方式——《故梦青农忆》继续陪伴着她成长的地方。有时她会想起文体馆三楼，它激励赵迎雪艺术有更多可能；有时又想起三号楼前、知音广场、东篮和主楼前，它们提醒赵迎雪要坚持、不放弃……青农的每一寸土地都丰盈着赵迎雪的羽翼，让她在音乐的路上展翅翱翔。

朱学岩：站在新起点，迎接新挑战，创造新成绩

■ 夏广兴　赵　洋　周　兴　嵇安奕

朱学岩，机电工程学院电气工程及其自动化专业2014级学生。荣获国家奖学金、山东省优秀学生、第六届中国教育机器人大赛一等奖、第十六届全国大学生机器人大赛创业赛三等奖、2017美国大学生数学建模竞赛三等奖、第四至六届山东省高校机器人竞赛二等奖、2015—2016全国大学生数学建模竞赛山东赛区三等奖等，被评为校优秀学生标兵、优秀学生干部。2018年考入北京林业大学。

功崇惟志，业广惟勤

大学期间，朱学岩坚持学习是检验自己态度的一种方式，不要迷茫、碌碌无为。课前他总是提前预习，对老师要讲的内容做到心中有数；课上认真听讲，遇到疑惑的地方标注下来；课下主动向老师请教，与老师和同学交流遇到的问题。书本学习之余，朱学岩在实验室也是干得火热。

坚持每天多做一点。从大一开始，每晚放学后朱学岩最先去的地方就是实验室，在这里他自学单片机等实验器材，并且并不局限于已有的知识，而是进行更深

入的学习，了解更前沿的知识。“涉猎广泛”“别人做得好，我要比他做得更好”正是他最好的写照。

坚持每周讨论一次。在每周五晚的总结会上，他与团队老师和同学们一起探讨项目，解决问题，在与团队老师和同学的讨论中不断提高。从大一的倾听到大二、大三的深入参与，再到大四对学弟学妹的帮助，他所经历的不仅仅是角色的转变，还有能力的提高以及责任感的提升。

坚持每年参加大赛锻炼一次。为更好地了解技术前沿，保持活跃的头脑，朱学岩坚持每年至少参加一项省级、国家级比赛，做一个实践项目。2016年11月中国教育机器人比赛，朱学岩一个人在一个陌生的城市参加自己的第一次外出比赛，比赛的前一晚他制作的机器人到达武汉，但因物流运输不当导致电路出现问题。虽然是第一次外出参赛，朱学岩并没有因此乱了阵脚，经过一晚的排查与调试，终于在凌晨4点将问题排查完毕，早上6点他抱着与他一般高的机器人到华中科技大学参加比赛最终获得一等奖。“虽然过程很辛苦，但是我勇敢地迈出了第一步，重要的是享受过程。”

风雨兼程青农路，砥砺前行赴北林

与其他人不同，朱学岩一开始并没有考研的意向，在一次次的外出比赛中，视野的拓宽和阅历的增长，让他看到了自己与别人的差距，于是考取研究生、向更高层次迈进的念头在他心中萌生了。在大三下学期，他开始为考研做准备，“当时也是受宿舍氛围的影响，我们宿舍3个考公务员的，1个考研的，还有的已经走进了国家电网。”在舍友的影响下，朱学岩更加坚定了自己考研的决心。但是考研的过程是痛苦的，正是这段痛苦而又艰辛的经历，磨练了他的毅力，在每个想要放弃的瞬间，摆正心态，迎头向前，最终他考入了北京林业大学。

成功 = 艰苦的劳动 + 正确的方法 + 少说空话

作为从农村走出来的孩子，朱学岩给自己的定位是——一块海绵。当刚到青岛的时候，他便努力地汲取所有的知识，不仅是课程学习的知识，还包括对青岛这座城市的了解，了解这个城市的历史文化、创业氛围以及技术水平等各方面的知识。即使现在他考取了北京林业大学的硕士研究生，他也是一样在学习、在成长、在吸收。

朱学岩成为研究生后并没有因此而沾沾自喜，而是变得更加谦逊了，也更愿意向他人请教问题。在他看来，向别人请教问题并不是一件可耻的事，相反在这个过程中能发现自己知识的缺漏，同样的问题，向别人请教后他就会获得更多看待问题的角度。

在他看来，求学并不仅仅是学习知识的过程，更是一个结识良师益友的过程。他经常与导师进行学术方面的沟通交流，导师在美国和德国留学多年，还有丰富的工作经历，不仅在学术上为他提供了很大的帮助，在人生规划等方面也提供了很多建议。

不论在本科阶段还是在研究生阶段，朱学岩一直在追逐自己梦想的道路上不断地奋斗，为自己的梦想，付诸一切，拼尽自己的全力。每当他回想本科的时光，总有着万分感慨。这段时光无时无刻不提醒他：道路是曲折的，但前途是光明的。

朱媛媛:做一只努力攀爬的蜗牛

■ 王晓杰　马　莹

“如果没有太高的天分,那就像蜗牛一样,即使一小步一小步地向上爬,也永不放弃。”

朱媛媛,化学与药学院功能材料专业2013级1班宣传委员、院学生会新闻中心副主任、校友志愿者协会秘书长,2016年12月光荣加入中国共产党,并于2015—2016学年获评校十佳大学生,获国家奖学金。

越努力越幸运,用“对”的态度储备知识

“越努力越幸运”是朱媛媛一直以来对自己的激励,她相信只要努力,结果一定不会太差,即使有时会打个时间差。

自入学以来,朱媛媛始终保持积极的学习状态,有明确的学习目标和学习态度,勤奋努力,专注于学习专业知识,并逐渐形成了自己的理论知识体系,在兼顾专业学习同时,她积极参与大学生科技创新立项和“挑战杯”等创新活动,坚持在实践中创新,在创新中学习。2015—2016学年第一学期,她参加了王修中老师指

导的“基于核酸适配体-金纳米颗粒的比色传感器的研制及其在凝血酶检测中的应用”课题，科研精神得到指导教师的肯定。

优异的成绩是对朱媛媛的努力的最大肯定：连续三年专业排名第一，获得优秀学生一等奖学金；连续六次综合素质测评为优秀，被评为校级“三好学生”；获得理论文明宣传奖；获得向日葵企业奖学金；获评2015—2016学年校十佳大学生和国家奖学金；2016年8月，在第八届山东省大学生科技节——“阳谷华泰杯”山东省大学生化学实验技能竞赛中获得二等奖。朱媛媛是同学们眼中名副其实的学霸。对于这个称呼，朱媛媛说道：“其实我真的不认为自己是学霸，我只是保持了认真的习惯，上课认真听讲，认真做笔记。大学第一次考试考了专业第一，给了我信心，以后的学习就更加认真，不想被落下。都说书山有路勤为径，知识储备真的很重要，它就像一颗种子，在不知不觉中改变一个人，让整个自己都变得不一样，也会让人有更大的勇气往前，只要想到它就会心安。”

由于考研是临时起意，朱媛媛并没有固定考研座位，只能早起到图书馆学习。考研期间，她每天6点准时起床，然后早早来到图书馆，在图书馆门外读英语，背作文。一年的时间里，她除了吃饭，大多时候是泡在图书馆，无论风霜雨雪，从不改变。“考研的日子很痛苦，但还是要坚持啊，我不知道什么样的考研行为才是对的，但我们知道什么样的态度是最对的。而且我觉得学习要以自己学到多少为标准，而不是只满足于及格和最后的成绩。”

审查加负责，要做便要做到更好

在校期间，朱媛媛曾担任班级宣传委员、院学生会新闻中心副主任、校友志愿者协会秘书长，2015—2016学年担任功能材料1501新生班班主任助理。2014—2015学年连续两次被评为优秀学生干部，并获得优秀学生干部奖学金，连续获得校友工作优秀志愿者、优秀组织奖等荣誉。面对多重身份，她游刃有余，把空余时间安排得满满当当，对她来说，一份工作就代表了一份责任。

作为校友志愿者协会发起者，朱媛媛积极参与了校友志愿者协会的组建、制度建设、宣传等工作，协会从最初的4人发展到80余人，现在已经成为一个组织机构与制度健全，工作效率与成绩突出，积极配合校友工作办公室工作，并在大学生和广大校友中有影响力的社团组织。在社团的发展中朱媛媛贡献出了属于自己的力量：负责协会制度的制定和落实，参与每两周一次的邮寄校报以及材料整理等常规工作；组织参与了首届和第二届校情校史知识竞赛，吸引了全校学生的参与，在提高全校学生知校史、懂校情、爱校园意识的同时，提升了协会在全校的知名度；组织举办首届“邂逅春天，情满校园”大学生摄影大赛；担任《青岛农业大学校友通讯》第一期6万余字的前期材料采集和执行编辑的工作，一经出版，获得校友的一致好评；代表学校校友志愿协会参加山东科技大学主办的驻青高校志愿者交流活动，与中国海洋大学、中国石油大学、青岛大学等多所驻青高校校友志愿者协会进行工作经验学习交流。

作为班主任助理，她总是尽心尽力，反反复复去审查整改，不只教他们提高能力，更教他们做人，把能做的做到最好。“对我而言，她是一个温柔细心又负责的大姐姐，不管是工作学习还是生活，她都帮了我们很多很多。在刚入学的时候，她是我们的班主任助理，事无巨细，她都会为我们考虑得很全面，后来渐渐成为朋友，又发现她是一个阳光可爱的女生。在相处过程中，她的态度、她的想法，都会给我指引，并会在潜移默化中影响我。”朱媛媛的小班同学王晓杰评价道。

2016年下半年，朱媛媛已经上大四了，原本应该忙着考研的她，仍默默关注着学院新闻中心、校友协会以及小班的工作和事务，当被问及为什么要让自己这么累时，她笑着回答：“因为这是我的责任啊，只要我还在学校一天，就应该对自己待过的地方、做过的事情负责。我喜欢反复审视自己做事的方法，反复去想我有没有什么遗漏的，我有没有在计算的过程里加入了不切实际的期待。这种轻微恐惧会驱使我付出比旁人多无数倍的心力，然后不管结果怎样，至少我真正尽力了，也能坦然接受了。这种恐惧感，会让我学会真正地面对世界。”

成长的定义：坚持是幸福，选择便不放弃

朱媛媛常说她很幸运，遇到了很多“贵人”，她口中的“贵人”之一——学校校友办公室于宁老师却庆幸自己找到了一名优秀的助手：“她懂礼也有很强的责任心，温柔而坚韧，从胆怯到可以独当一面，这三年半她的成长是巨大的，不断尝试，不断挑战，她的努力和艰难积累成进步，她值得生活善良相待。”

老师眼中的得力助手，同学眼中的学霸榜样，朱媛媛并不仅仅局限于此，为了更加充实的大学生活，大一时，她就加入了院礼仪队，锻炼自己的礼仪谈吐。繁重的训练以及活动让很多女生都选择了放弃，朱媛媛却一直秉承着“既然选择，就一定坚持到底”的信念坚持着，曾代表学院参加以“与文明礼仪同行，秀青春绚丽生

命”为主题的礼仪风采大赛，并获三等奖。

暑假，为了提升社会实践能力，将理论与实践结合，她毅然选择加入了学院的“聚焦农残之始全食美”实践队，主要负责实践队里的宣传工作。团队实践成果最终以4部优秀农药科普知识视频、2套海报挂图、6套宣传手册并建立科普网站的形式展现，相关直接受益社区居民300人左右，农民500余人。团队经过严格的评审和选拔，最终荣获2015年第四届阿克苏诺贝尔中国大学生社会公益奖铜奖。

朱媛媛经常被邀请去介绍学习和工作经验，她鼓励大家一定要坚持、不放弃：“当自己很努力却得不到别人的认可时，我也很沮丧，但还是坚持下来了，就算是只为给自己一个交代。做事不能半途而废，更不能养成放弃的习惯。其实有些事坚持一下就到头了，并没有想象的那么艰难。能力的提高是潜移默化的，当回过头看时，所有的坚持都是一份不小的财富。”

“迎着朝阳踏着光，只要一切都还在路上，我就该永远乐此不疲地奔跑或行走着！”朱媛媛以梦为马，成长路上，像个努力不放弃的蜗牛，毕业、读研、工作，她会用勤奋和热血微笑面对每一个美好的明天！

团队篇

“大道纸剪”志愿服务团：六年传承路漫漫，保护非遗道不凡

■ 赵传祥　王际刚　宋颖芳

艺术学院“大道纸剪”志愿服务团于2013年6月21成立，依托学院与校红十字会，以“弘扬中华传统文化精华，延续中华千年文化基因”为宗旨，服务内容主要为以中华优秀传统文化之一的剪纸为侧重点，收集各地剪纸资料，整理各地剪纸特点，梳理传承人名录，普及非遗政策，开展剪纸课堂，宣传剪纸技艺。

自项目确立以来，“大道纸剪”以非物质文化遗产剪纸为切入点开展志愿服务活动。6年间共组织67支志愿服务团队共计1070人次。走访全国23个县市，拜访17位剪纸传承人在内的非遗传承人60人，向其普及国家非遗政策，收集整理各地剪纸资料并梳理传承人名录。与仲村小学等3所学校建立长期合作关系，开展剪纸课堂，打造剪纸特色教室。与威海市剪纸学会等4个民间组织合作，开展剪纸进社区活动，受益人数达9500余人次。此外，“大道纸剪”项目所开展的活动被中国青年网、中国山东网、大众网等媒体报道，中国社会科学院、山东省文化厅等也对本项目活动内容和形式给予了肯定。

寻历史记忆，传剪纸文化

泱泱中华五千年，优秀文化万万千，在人类历史的长河中，中华民族的祖先用劳动和智慧创造了光辉灿烂的中华文化，源远流长的中华文化延续不绝，甚至一直影响到现代人们的生活。但在当今世界经济一体化的浪潮下，中国优秀传统文化和一些民间艺术受到了前所未有的冲击，中国民间剪纸艺术的生命正经受着考验。保护与传承中国优秀传统文化已刻不容缓，“大道纸剪”应运而生。

“大道纸剪”志愿服务团成员由艺术学院各专业优秀学生组成，他们一个个热情满满，对传统艺术、传统手艺充满兴趣，在时下许多年轻人追求选美、追求物质、追求个人利益时，他们却甘愿放弃游戏、放弃休闲，把自己的青春和汗水挥洒在优秀传统文化的学习与宣传的道路上。

中国民间剪纸艺术起源于西汉，它以含蓄的表达方式传达着中华民族对美好生活的向往与追求。我国剪纸从传统走向现代的过程中，由于失去了原来赖以依存的农耕文化土壤，民间剪纸的民俗在流变中淡化或消失，其实用性失去了市场，其娱乐性也受到了现代文化的冲击，民间剪纸的品类、质量和数量都有不同程度的下降。

新一代的大学生应该牢记使命，积极参与到传承和发扬传统文化的行动中，树立民族文化自信与文化自觉。不能完全忽视历史的价值，但也不应让传统成为束缚我们前进的枷锁。继承发扬一种传统，并不代表着对过去的复制，也不意味着对早期风格的单线轨迹的延伸，而是要触碰到那些超越时代的基本点，通过吸收早期答案背后的各种原理，把它们转换为适应新的条件的合适的表达形式。

延续中华文化基因，大道至简，知易行难，“大道纸剪”，砥砺前行。

访传承艺人，扬剪纸技艺

往昔的回忆让人激动，当重新踏上旧时的路时，过去的情感又重新浮现在心中。剪纸工艺传承人应是既继承传统又有能力做出文化选择和文化创新的人物，传承人在非物质文化遗产的传承、保护、延续、发展中起着重要作用，受到一方民众的尊重。

潍坊高密市是著名的民间艺术之乡。志愿者前往潍坊高密，拜访剪纸传承人并向他们学习高密剪纸的特点，勤劳智慧的高密人民，创造了独具特色的高密民间剪纸。在高密，在每家每户的门窗上还可以看到过年时张贴的各种各样的特色剪纸。这些剪纸题材广泛，内容丰富，象征着吉祥富贵、幸福平安。如此美妙的工艺不应该局限于一个地区，要让大家共同欣赏它的美。志愿者们认真学习高密剪纸的手工技法，完成数幅优秀的剪纸作品，并积极响应国家对非物质文化遗产传承与保护的政策，并通过展览和网络宣传剪纸工艺。为解决宣传方面存在的欠缺，他们前往烟台，拜访剪纸传承人朱曼华。朱曼华被中国新闻人物新年论坛评为先进个人，荣获中国文化使者等称号。志愿者们向朱曼华了解近年来宣传剪纸的成果，并跟随同为剪纸传承人的胡文前往位于古玩城的展馆开展非遗传习活动。在活动中，志愿者们全方面地学习、总结剪纸宣传的精要，为宣扬剪纸工艺志愿服务活动做充分准备。后期建立剪纸课堂，与威海市剪纸学会、荣成市剪纸协会、辛安剪纸艺术中心、朱曼华剪纸艺术中心等组织合作开展剪纸进社区活动，受益人数 9500 余人次。

整理服务资料，共创文化硕果

在走访了多位传承人，了解其代表的剪纸派别的发展情况后，“大道纸剪”志愿服务团的志愿者们对剪纸特点以及对传承人进行资料整理，形成了一份详细的传承人名录，使剪纸这项传统民间艺术有资料可寻。随即又开展包括普及非遗政策、开展剪纸课堂等一系列的志愿服务活动。他们向剪纸传承人提出与青少年群体、社区中老年人群体接触的构想，与传承人商讨进入课堂、进入社区的可行性，并付诸实施，使剪纸文化更大范围地传播出去。

在经济高速发展的今天，随着外来文化的入侵，很多年轻人对传统文化失去了兴趣，这就会出现传承环节的断裂，以致消失。青少年对于非物质文化遗产的了解不充分，非物质文化遗产的传承问题亟待解决。青少年作为传承非物质文化遗产的后备军，有必要培养其兴趣。将非物质文化遗产知识与工艺带到校园，开展非物质文化遗产特色课堂和非物质文化遗产作品展等形式，对青少年进行非物质文化遗产相关知识的宣传，使青少年群体更好地了解剪纸文化，丰富对传统文化的了解和学习，激发青少年对传承非物质文化遗产的兴趣。通过以上方法，使剪纸这一非物质文化遗产能够在当下更好地传承下去，在新时代焕发生机与活力，实现我们弘扬中华传统文化精华、延续中华文明千年文化基因的项目目标。

“大蒜打捆收获机”团队:不破不立,勇于实践

■ 杨　楠　周　冰　李焕青

“大蒜打捆收获机”项目在第十五届“挑战杯”全国总决赛中荣获银奖,本省赛中获金奖,并荣获国家课外学术作品二等奖和山东省课外学术作品一等奖。本项目由机电工程学院王东伟教授带领、尚书旗教授协助研发,该项目注重项目成果的转化和落实,团队成员历经一年的努力,成功研发了大蒜打捆收获机,很好地补充了国家在大蒜打捆收获方面的短缺。项目团队是聚集于不同专业的研究生团队,该团队具有较高专业能力,重视思想建设,努力打造团队精神,在各项活动及比赛过程中和谐而默契,在团队协作中发展个人特长,既是合作又是包容。

对于如何想到大蒜打捆收获机这个课题,团队负责人申世龙表示:“咱们学校是一个农业大学,而我们团队又是机电工程学院的一份子,所以就想做农业机械这方面的创作。团队中有的队员跟我一样,从小就接触大蒜这种农作物,也意识到人工收获大蒜非常不容易,并且现在国内还没有一台收获大蒜的成熟机器,所以我们团队便萌生了制作大蒜打捆收获机的想法。”

有了初步的课题，团队成员就开始了研究。由于刚开始的时候，对于大蒜的一些基础性认知几乎为零，团队成员开始恶补，从网上和各类农作物书籍中尽可能多地获取大蒜的相关知识。“那段时间团队成员们为了更快地搜集材料，进行下一步课题研究，整天待在一起加班加点。”申世龙回忆道。关于大蒜收获理论技术的研究，研发团队先后开了五次讨论会，最后，在尚书旗教授和王东伟教授的指导下，决定采用“挖一拔一夹一送一捆”的收获理论体系。

“后来在制作样机的时候，由于只进行了理论方面的研究，样机制作要求又极其严格，所以在研究大蒜如何解决因大蒜种植模式不同而导致大蒜收获机无法定型的过程中，团队成员整天扑在项目上，那段时间真的挺辛苦的，由于团队成员产生分歧，所以提出了很多种方案，但都没有真正解决问题。”申世龙说道，“后来，王东伟教授亲自来指导，团队开始进入大蒜田地真正接触大蒜、了解大蒜。”团队也正是在那个时候对样机的制作有了头绪。

学院在样机的制作过程中，也给予了团队很大的帮助。在学院经费的支持下，团队对不同地方的大蒜种植区进行了调研，真正了解了大蒜种植农艺的差异性和统一性，随后团队针对大蒜的物理特性进行了测定，包括大蒜种植深度、大蒜茎秆的切割力、抗拉力的范围等。同时，团队对大蒜种植行距进行了数据采集和统筹运算，来保证机器在运作时能够精准。“经过团队的不懈努力，我们终于将大蒜打捆收获机成功研发出来，真的很不容易。能够在这样的团队里度过一段难忘的科研时光，是我的荣幸。”申世龙欣喜而又自豪地说道。

为了让研究理论实现成果转化，全方面提升样机构造，团队得到了威海佳润农业有限公司许多工程师的指导与帮助。团队成员们也因此充满了感激之情：“我们衷心地感谢佳润公司和我们的导师尚书旗教授提出的许多中肯意见及王东伟教授在关键装置设计与试验性能等方面的悉心指导，给予我们这么大的科研平台，让我们的研究有了质的飞跃。”

“当团队的创作得到了认可与肯定，也就证明了这个团队是有生命力的，它有自己的特色与价值。团队的每个成员赋予了它生命，它也使得每个成员得到了发展。”不破不立，只有不断突破与创新，团队才有鲜活的生命力。大蒜打捆收获机研发团队以实际行动诠释了学院的精神，用成绩铸造了青农大的品牌。

“根治农田‘牛皮癣’，还土地清洁”调查研究团队：风雨兼程十二载，开拓进取谱新篇

■ 钟睦琪　张煜颖　马　双

“根治农田‘牛皮癣’，还土地清洁”调查研究团队，以关注农药发展、普及农药知识、倡导绿色农药、引导农民安全合理使用农药、增强农民环保意识、减少农药包装废弃物污染为宗旨，开展了一系列科普宣讲、实地调研、走访座谈、志愿捡拾归集等活动。

团队在“调研贯始终、宣讲惠大家、志愿捡拾助力环保”几个方面不断创新，对政府、企业、供销商“一对一”访谈调研100余次，对农民调研并收回有效问卷7270余份，于多地开展科学合理使用农药的宣讲共计52场，制作科普宣讲海报13类、宣传视频11部以及宣传单页24类、宣传手册10册等宣传资料，共发放宣传资料2万余份。

团队坚持“品质重于形式”的原则，提升项目服务质量，培育由大学生、各地农委、环保局人员、农民等多元力量组成的志愿者队伍，截至目前，共吸纳630余人参与，保证了项目的正常运作和深度发展。组织开展的实践活动先后受到中国

青年网、齐鲁网、潍坊大众网等媒体报道150余次,借助媒体平台,传播科学生态正能量,受益群众达6万余人。在不断的探索和努力下,团队2013年被评为“青年人·中国梦”全国大学生社会实践优秀团队;2014年荣获山东省科技卫生“三下乡”优秀服务队;“聚焦农残·保舌尖安全”社会实践活动获2015年阿克苏诺贝尔社会公益奖铜奖;2016年获评全国大学生社会实践“最美中国发现团队”;2018年“绿色守护——绿之益农药科普宣讲及农药包装废弃物回收处置调查”志愿服务项目获第三届山东省青年志愿服务项目大赛金奖。

关注时事,多方调查

习近平总书记在中共十九大报告中进一步强调了“绿水青山就是金山银山”的生态文明理念。我国是农业大国,农药是农业生产刚需,其使用后产生的农药包装废弃物由于分散程度大、难降解,散落在田间,形成“牛皮癣”,为水、大气、土壤生物带来安全隐患。为响应国家生态文明建设的号召,“根治农田‘牛皮癣’,还土地清洁”调查研究团队发挥农药学科专业学生优势,采用问卷调查、实地观察、走访座谈等方式,历时四年,对山东省13个地市农药包装废弃物的回收处置情况进行调研与分析,从农药包装“生产、销售、回收”三个环节出发,针对制度建设、包装工艺、回收方式及意愿等多方面进行探讨。

化学与药学院“根治农田‘牛皮癣’,还土地清洁——山东省农药包装废弃物回收处置的调查研究”在第十五届全国大学生课外学术科技作品竞赛中获得哲学社会科学(管理类)二等奖,实现了青岛农大在“挑战杯”全国总决赛哲学社会科学类(管理类)的突破,填补了学校在“挑战杯”全国赛此类奖项上的空白。团队按照农药使用者收集、销售者回收、专业机构处置、政府监督的基本原则,提出合理化建议,为政府加强农药包装废弃物回收体系的建设建言献策,为推进我国绿色生态农业的发展,加快美丽中国和美丽乡村的建设进程贡献一份力量。化药学院团委书记王海霞作为本次项目指导教师,带领化学工程与工艺专业王福香、陶莹芳赴上海参加“挑战杯”决赛。王海霞表示:“此次获奖并不是偶然,而是团队五年来脚踏实地取得的成绩,是对团队努力的肯定。”

结合专业,把握方向

回忆刚到化药学院工作时,王海霞说:“2012年6月我到化学与药学院担任学院团委书记，当时学院的原党委书记王智老师给我出了个题目：‘海霞，团的工作是最有活力的，能不能将我们学院的专业和团的工作结合起来，做点事情？工作设计好了，踏踏实实地做了，也一样能出成绩。’”这句话给予了王海霞启示，在学校政策引导下，她结合学院的实际，在2012年7月组织成立了调研团队，将农药专业、环保、大学生实践育人有机结合起来，同年暑假承担国家级社会实践项目，赴蒙阴地区就蜜桃的合理用药开展调研和宣讲活动。“复杂的事情简单做，你就是专家；简单的事情重复做，你就是行家。”五年间，每年暑假学院都会组织学生赴基层开展农药科学合理使用的科普宣讲及农药废弃物的调研活动，寒暑期交错结合，寒假期间团队成员结合暑期实践收获，制作视频，绘制海报、单页，为后期暑假社会实践活动提供宣传条件，总结经验。年复一年的调研和不断的总结成就了此次奖项。

依托社团，项目化运作

此次项目获奖得益于多方面的协调准备，团队利用绿之益社团的优势和条件为社会服务，充分调动广大社团成员的积极性，并多方吸收社会力量参与。团队拥有明确的活动章程、完善的实践制度，对实践活动进行合理有效的规范化管理，采取实践活动项目化运作，以解决实践内容薄弱且相互分离的现状为目标，团队完成了2013年度青岛市科普项目“农村科普知识宣传——农药安全、合理使用”，通过项目化运作实践活动，将理论学习和生产实际相结合，解决实践活动经费不足的问题，进一步扩大实践活动的影响力和号召力。引导社团成员将自身理想和社会需求相联系，把个人成长和社会适应相匹配，在锻炼自身的同时也把科技服务带给社会。

在竞赛的组织过程中，校团委多次组织模拟答辩，赛前一个月每周进行一次模拟答辩，学院领导班子以及龚良玉处长、修彩波院长、熊伟老师、郝双红老师悉心指导，精心打磨参赛作品；副院长李峰前往上海进行现场指导，观摩此次大赛，学习其他高校化学领域优势，并把“挑战杯”的火种带回到学院，动员学院老师积极参与，孵化项目。在挑战杯大赛现场大家都收获颇丰，仔细分析各个获奖项目就会发现，挑战杯的竞赛虽然是大学生的赛事，但都是站在教师的科研平台上研发创造，经过高层次的平台改造，参赛作品从初期简单的数据汇总最终形成完整的具有学院特色的科研产品。此次获奖项目能够系统完善地展现在“挑战杯”全国总决赛的赛场上，离不开学院老师的辛勤指导。

学生王福香说：“很荣幸代表我们团队参加‘挑战杯’比赛，感谢给我们这个发展自己、挑战自己的平台，能够拿到国家级二等奖离不开团队小伙伴们的共同努力，大家一起通宵改本子，讨论作品，如果没有他们，也不可能会取得今天的好成绩。还要感谢我们的指导老师，陪着我们一次次地修改，给予我们帮助，为我们加油打气。通过这次比赛，开拓了眼界，让我不断认识、不断改进自己的不足，让我逐步成长。我相信未来会有更多的学弟学妹们在这个舞台上证明自己，为青农大争光！”

近年来，化药学院重视学生科技创新能力的培养，积极参加“挑战杯”、PMC大赛、山东省化学实验技能大赛等国家级、省级赛事，坚持以赛促学、以学促创，重视将课堂教学与课外实践相结合，将基础知识、专业技能与素质教育、科技创新创业能力培养相结合。学院结合专业特色，以社团为载体，构建“项目化运作、品牌化发展、专业化提升”的创新创业团队培养模式，打造符合学院特色的创新团队，并在省级、国家级科技竞赛上取得了优异成绩。

“情浓渔水·探访胶东”渔业经济口述历史调研团：同舟共济扬帆起，乘风破浪万里航

■ 曲　晓　王汝雪　宋颖芳

在管理学院，有这样一群可爱的人，因为共同的理想相识相知，用脚步丈量使命，用实干彰显担当，积极投身于社会实践活动，挥洒实践汗水，书写无悔青春。“聚为一把火，散作满天星”的他们有一个共同的名字——“情浓渔水·探访胶东”渔业经济口述历史调研团。

纸上得来终觉浅，绝知此事需躬行

著名教育家陶行知曾言：“行是知之始，知是行之成。”社会实践作为大学教育的重要组成部分，是当代青年踏入社会前的必修课。通过参与社会实践，我们大学生才能扎根中国大地了解国情民情，在创新创业中增强智慧才干，在艰苦奋斗中锤炼意志品质。“社会实践是让我们运用理论知识去实践出真知的有效渠道，也就是让我们接触社会、了解社会、服务社会。”“情浓渔水·探访胶东”渔业经济口述历史调研团的队长付浩然一直这么认为。

在实践团队讨论确定实践选题的时候，调研团的指导老师王洋对实践团队员们说："一个好的选题，不需要有多大，未必是高屋建瓴，它需要有新的思考，有新的角度，有专业背景和时代背景。"

20世纪80年代以来，中国海洋渔业因渔业资源枯竭、海洋生态环境破坏、海岸线开发过度等问题引起了社会的广泛关注，同时受到海洋渔业资源枯竭、渔民后代外迁和渔村经济衰落等因素影响，中国沿海地区的渔业、渔民和渔村的转型问题受到各方关注。由于资源枯竭与制度缺陷，渔业成为弱质产业；由于阶层分化与社会排斥，渔民沦为弱势群体；由于社会转型与结构变迁，渔村社会发展缓慢。调研团类比"三农"问题后发现，海洋渔业、海洋渔民和海洋渔村的海洋"三渔"问题成为中国沿海地区发展海洋经济中亟待解决的一环。

为了更加了解并改变现状，"情浓渔水·探访胶东"渔业经济口述历史调研团利用学校丰富的资源以及管理学院的专业优势，采用科学的调研方法，了解近30年以来胶东半岛渔民转型过程中的生产结构、作业方式、生活方式和收入状况等变化特点和现状，努力传达"三渔"转型背景下渔民生产、生活变迁的主观感受。

在实践的道路上，这群年轻人从未停止步伐，只希望能够总结当下、翘首未来，通过自己的绵薄之力，推动海洋"三渔"问题的解决，实现海洋资源可持续利用，进而实现海洋渔业增效和渔民增收。

以史为鉴，可知兴替

每一个人都有属于自己的故事，每一个国家都有它独具的历史。2017年7月，"情浓渔水·探访胶东"渔业经济口述历史调研团借助口述历史的调查记录方法，在青岛、烟台、威海三地开展以海洋"三渔"转型背景下渔民生产、生活变迁的主观感受为主题的调查研究活动。调研团的队员刘佳璐说："我看着那些老人，觉着他们每一个人都是历史的载体，听老人们讲述就像看见他们过去所有的经历。"

"我们采访了多名当地50岁以上拥有丰富经验的老渔民，并录有音频和视频资料，通过对这些资料的分析，我们发现了一些问题。在经济不断发展的过程中，捕鱼的工具越来越先进，设备也更加的齐全，但是渔业资源却不断减少，大量的鱼类灭绝，更甚者，伴随着环境的恶化，海洋资源正面临着巨大的威胁。通过各种材料的分析，我们可以预测除了胶东半岛以外其他地区所面临的情况。"调研团的队员曲晓在汇报总结的时候说到。

实践调研的过程中，渔民刘作法老先生向调研团讲述了近年来渔具的变化。船的动力系统进行了升级，各种通信设备更加齐全，雷达、全球定位系统更加精准，探鱼器也帮助渔民更加准确地探测到鱼群的位置，渔民的生产方式改变之后，生活水平也逐渐提高，文化生活也更加丰富多彩。在休渔期，渔民们除了必要的补网和维修船只工作之外，会举办一些文化娱乐活动。通过刘老先生的口述，调研团得知，近30年以来，渔民的生活更加富足，渔业生产促进了国民经济的发展，对我国民生事业的建设提供了巨大的帮助。

通过实地走访调研，实践调研团以独特的视角了解渔民生产、生活变化，并结合相关文献数据资料更加深入地分析海洋与人之间的互动关系，将宏观数据与经验研究所获得的研究资料相结合，以此获得渔民生产、生活更完整的描述，为渔民、渔村发展研究提供素材，以期促进胶东半岛地区乃至全省、全国渔业经济的分析研究。

实地调研结束后，实践队员分工整理了在实践活动过程中记录和保存的视频、照片、实践日志等一手调查资料，并把实践过程中所收集的资料进行分类汇总整理成册，编制成《海洋“三渔转型”背景下渔民生产、生活变迁主观感受的口述历史调查集》。实践调研团还对调研视频进行剪辑，制作成宣传记录片，发布于优酷网、腾讯视频等网络平台，希望通过让更多的人了解到“三渔”转型中的点点滴滴。

功夫不负有人心，实践调研团每一个人的努力都不会被忘记。在2017年年底，一个令人振奋的消息印证了调研团的付出——“海洋‘三渔’转型背景下渔民生产、生活变迁主观感受的口述历史调查”项目荣获全国“最具影响好项目”奖。

海内存知己，天涯若比邻

此次海洋“三渔”转型背景下渔民生产、生活变迁主观感受的口述历史调查（以胶东半岛地区为例）切合管理学院专业，这使得实践调研团有机会将日常专业所学与渔业经济的历史与发展实际相结合。调研团的队长付浩然说：“社会实践真真正正地给我们大学生提供了一个实践的平台，给予了大学生一次走进基层学习和实践的机会。”队员们通过走进基层农村学习和实践，充分锻炼了各方面的能力，更加深入地了解当下渔村生产生活现状，更加真实地记录渔民生活变迁，从而更好地推动了“三渔”转型。调研团用他们的实际行动展现出青农学子积极向上、服务社会、奉献社会的良好精神风貌。实践调研的接收方王老先生在实践结题书上写下:"来自青岛农业大学的'情浓渔水·探访胶东'渔业经济口述历史调研团实践团,他们用自己的实际行动向我们展示了青农大学生的热心、优秀、朝气蓬勃。这次的实践不同于之前接触过的,这些大学生采用口述历史的方式进行调研,让我们更加了解了自己家乡的历史发展。"

“山东省‘互联网＋农业’发展现状及存在问题探究”实践团：绝知此事要躬行

■ 张文杰　张　洁

经济学院（合作社学院）农村区域发展专业有这样一群热衷于调研的学生，他们发现：两年来课本上学到的农业经济管理方面的理论知识还无法帮助他们深入了解山东现阶段农业发展的实际问题，因此，他们迫切想通过实地调研来深入了解山东这个农业大省现阶段农业发展状况，实现服务农村、锻炼自我的愿望。时值2015年6月20日校团委下发《关于开展第七届山东省大学生“调研山东”社会调查活动的通知》，这群同学便应召组成一支队伍。通过学院预答辩、寻找指导老师等环节顺利成为学院当年院级重点培养的社会实践团队。团队成立以后，学院积极统筹指导，与导师商定了调研主题——“山东省‘互联网＋农业’发展现状及存在问题探究”，并且多次开展调研准备会议。在调研中，他们发扬了不畏艰难和吃苦耐劳的精神，撰写出了数据翔实、内容严谨的调研报告。这支调研队伍结合学院的专业优势和特色，在山东威海、淄博、青岛、泰安等地的农业专业合作社广泛展开调研活动，依托专业优势撰写出调研报告，积极为山东农业发展建言献策，受到同行重视和好评。同年,获得了第七届“调研山东”一等奖。

与时代同行,为家乡助力

2015年政府工作报告中提出“互联网+”概念后,传统行业如何搭上互联网快车,成为人们普遍关注的热点问题。要让农业尽快拥抱“互联网+”,就要充分利用互联网的优势来改造农业,同时也要根据农业行业自身发展的特征,在农业与互联网的碰撞与融合中找到互联网时代的内在商业联系与逻辑。农产品的营销可以借助互联网,有效地突破地域限制,实现随时随地的互联互通,从而大大促进了农业技术知识、农业资源、农业产品、农业经济等各方面信息的有效传递。“互联网+农业”可以使各种农业信息全方位地渗透到农业一线,直接指导生产和生活,并通过大数据分析等手段提高农业决策科学化和现代化的程度。

团队负责人张承焕回忆说:“山东是农业大省,我们想通过调研,了解山东省家庭农场、农民专业合作社等新型农业经营体的基本情况,掌握‘互联网+’在农业农村中的运用情况,发现真正适合我省农业的与互联网相结合的最佳方式。垦利县黄河口原生态农业专业合作社联合社很具有代表性,通过深入调研可以获得有借鉴性的数据、结论和预测依据。”由此,一支强强联合、优势互补的合作社“调研山东”实践团应运而生。经过前期的选拔工作,最终从农村区域发展专业的学生中确立了团队的8名队员。团队实现二级化管理,“调研山东”总队分赴东营垦利、青岛即墨和威海、荣成进行调研;另外下设4支小分队,分赴东营广饶、淄博周村、青岛黄岛和济宁三市一区进行调研。

在调研过程中,为了弥补队员们农业经济相关知识的不足,郑丹教授为队员们讲解了农民专业合作社在现实运作过程中可能遇到的问题,使理论与实践有机地结合起来,确保队员能够在调研中顺利完成任务。经过调研,队员们的专业素质有了明显提高,深刻地了解了现阶段农业发展的障碍。他们真正体会到:只有深入了解农村现实情况,才能切实为农民做实事,更好地服务于农民。

学以致用,深入农村践真知

多年来,经济学院(合作社学院)遵循从实际出发、因地制宜的原则,实地指导农民专业合作社的发展,取得了良好的效果。目前,学院在山东省内各地市建立产学研工作站3个(牟平区观水工作站、莱州市驿道工作站和沂源县中庄工作站)、合作社实践基地 8 个、教研基地 6 个、实习基地 7 个。2009 年，学院指导的 3 家合作社获得“山东省十佳农民专业合作社”称号、1 家合作社获得“中国合作社具有竞争力品牌”称号；2010 年，学院指导的 6 家合作社获得“中国农村合作社组织百强”称号；2011 年，学院指导的 7 家合作社入选全国示范社名录。

作为在互联网大潮中成长起来的新一代，当代大学生们对互联网有着敏感的触觉。“面对农产品销售渠道单一、农民收入不稳定的状况，农村电商发展已经站在了起飞的跑道上”，调研队队员史鹏说，“此外，我们还可以对发展农村电商所需的产品包装、农产品运销与合作组织构建等进行深入研究，切切实实地为农民们做些什么”。

张承焕同学是此次“调研山东”项目的队长，他回想起当初的调研生活仍颇有感触，身为队长所锻炼出的担当精神和责任意识也对他的成长影响深远。聂翠玉同学已经连续参加了三届调研，在调研中，她感触最深的就是“坚持”二字，“虽然自己力量还很微薄，但我真心希望能为农村发展尽一份力”。队员马敬敬在采访中说道，正是在“调研山东”中一直坚持的“严谨”精神，深深影响了他的大学生活，也造就了自己踏实认真的工作态度。现在看到一届届调研队员继往开来、不断在总结中成长和进步，自己也感到十分骄傲。

不忘初心，方得始终

在调研的路上，他们演绎了许多动人的故事，造就了太多难忘的回忆，也影响了无数团结奋进的调研人，凡此种种汇聚成一个词语，叫做“调研精神”——深入基层，结合专业服务“三农”的实践精神；求真务实，用数据说话的科学精神；不断总结提高，与时俱进的创新精神。这种精神将不断鼓励学生成长，激励大家奋进。

“调研山东”团队:在服务“三农”中收获成长

■ 王靖平　渠鑫成　窦雰雯　汪庚辰　薛春燕

2012年,中国农科院农业经济与发展研究所正式启动中国农村微观经济数据调查项目,我校承担了山东省的调研任务,由校中国农村发展研究院、校团委联合开展。此后的几年里,学校的青年学生组建“调研山东”团队,深入高唐、寿光、栖霞等地,走访27个村庄的700多家农户调研农村经济发展数据。调研涉及农户家庭基本情况、生产情况、家庭收支情况、农产品流通、农户对村庄治理的参与和评价等82项大指标和近400项小指标。通过固定采集农村微观经济数据,建立了完整的、连续的山东农村微观经济数据库,为建立中国农村微观经济数据库,帮助提高农业政策分析与决策支持的准确度,推动创新成果的产出做出积极贡献。

几年来,团队砥砺前行,全身心投入实践,了解掌握了山东农村近年状况的第一手材料,以青春的名义承担当代青年的社会责任。团队深入基层,发挥专业特长调研“三农”实况;求真务实,用数据说话坚守严谨精神,通过挨家挨户深入农村调研助力乡村振兴。

脚踏实地，源于内心的坚守

“一开始挺困难的，厚厚的问卷让自己感到发怵，但是却很想参加，挑战一下自己。团队的每个人都特别认真，大家把问卷拿回去都会一遍一遍地仔细看，不懂的问题以及专业知识会等到下次培训的时候提出来，请队长和老师解答。”队员宋磊鑫回忆道。

每年的调研活动开始前，学校都会面向全校学生严格筛选团队成员。为了能选出更接地气的成员来完成调研工作，队长通常会问一些专业又务实的问题，涉及住宿、方言甚至小米多少钱一斤等。队长把关的一轮选拔结束后，还会经过老师的二次筛选，才能得出最终的团队人员名单。入选的队员还会接受四至五次来自专业老师的问卷调查培训。拿到问卷内容后，通常会遇到一些比较深奥的专业名词，不懂的地方队员们提出来，老师都会耐心解答。

过去五年，国家大力实施“精准扶贫”政策，解决好“三农”问题成为全党工作的重中之重。“调研山东”团队便承担着由中国农科院启动的中国农村微观经济数据调查任务。但是，这个赴农村的调研活动与普通社会实践类活动又有所不同，它不参与任何评比，不与学分挂钩，参与成员的动力，来自于为国家农业发展奉献力量的决心。

不畏风雨，从实践中收获真知

因为调研意义重大，所以参加活动的30多个队员都是经过精挑细选的优秀成员。整个团队分工明确，分为前站人员和调研人员。前站人员负责提前到调研地点联系村支书等干部，方便和村民沟通，解决好住宿和伙食问题。调研人员早上7点开始走村入户，严谨细致收集数据。

每天的查重是一天中最繁琐也是最重要的环节。查重分为自查、组员互查、组长检查三个环节，以确保每一份问卷中的82项大指标和近400项小指标绝对严谨。同学们几乎每天都要工作到凌晨，再准备好第二天的调研，才能休息。这种高负荷的“连轴转”，不仅没有让大家产生畏难情绪，反而让大家愈加锲而不舍。随着熟练程度的增加，队员们完成起任务来越发地得心应手，工作质量和效率不断提高。

能够通过所学知识解决农村实际问题，这让队员们萌生了回校后成立技术小组的想法，并且这种想法随着实践的深入越来越坚定。农机专业的李延鑫在调研时，便向琉璃寺村的村支书承诺说：“我一定认真学习专业知识，为实现丘陵地带农田小型机械化努力！”

调研是奉献，也是收获。团队走入社会基层，虽困难重重，但同样也是另一种成长，亲眼目睹，亲身接触，往往也会从中得到更多的触发与感悟。

不忘初心，在互助中感受温暖

回顾整个调研历程，很多细微的小事透出浓浓的人情味，让人感到温暖，值得回味。

有一天，寿光大雪，冰天雪地里一位年事已高的老奶奶在严寒中颤颤巍巍地清理门口积雪。队员看到后二话不说，立即放下手头紧张的调研工作，帮忙完成清扫后再继续自己的任务。点滴小事本是举手之劳，却也温暖了他人的心。

“有一件很‘神奇’的事，我们的队伍纪律性很好，每个队员从不会单独行动。每天的任务都是重复的，但大家仍然保持最初的热情，几乎没有抵触情绪，也没有相互之间的攀比。我们的队伍是特别团结的。”既然选择了远方，便只顾风雨兼程。然后在抵达远方之前，大家心中有着共同的目标，他们互相帮助直到最后，一同感受着团结合作的成就感和喜悦。

哪怕考虑得再周到，也总是会出现意外情况，各个调研地点之间的距离并不算近，整个过程充满了未知。有一天，大家从高唐离开前往寿光，大部分同学突然开始出现呕吐、腹泻等不适症状。但是同样病着的组长们却一直把队员们的安危放在第一位，忍者自己的病痛，先第一时间把队员送进医院挂号就诊。第二天，所有队员都照常完成了自己的任务，无一请假或缺席。很多成员都表示，共同经历过困难后的团队友谊，将是一生割舍不掉的大学记忆。

“在这个队伍里，我认识了一群有想法的人，大家都很优秀，相互学习，在调研结束后，大家的友谊都是一直在的，那种苦尽甘来的感觉真的不一样，同时，这次调研也开阔了我的视野。”队员在回忆时还提到，“这次调研改变了我对农村的概念，每个村是不一样的，的确是有差距的，比如在果蔬的销售方面，栖霞要到第二年销售水果，先冷藏起来，可能这样更好吃。这些知识都是在学校里得不到的。”

七年时间，一届又一届的成员不断努力。劳累并快乐着，是每一个队员心中最深的感受，只因一颗赤诚之心，所有人积极参与投入其中，不为任何奖项，不为任何名利。无数个日子，高唐、寿光、栖霞，团队真正俯下身来，深入农村，了解当代农村微观经济数据，以拳拳赤子之心走入家家户户，走进田间地头，为提高农业政策贯彻力度，加快农业产业结构调整步伐做出力所能及的贡献。

“秧果兼收型花生联合收获机”团队：争做农业机械时代的先行者

■ 夏广兴　芮子荷　付依帆

花生是世界上广泛栽培的主要油料作物，而花生秧蔓也是优质的动物饲料，但我国花生秧蔓浪费严重。针对这个现状，机电工程学院“秧果兼收型花生联合收获机”团队历经3～5年的研发时间，发明了4HYGJ-6秧果兼收型花生联合收获机，走在了秧果兼收的时代前列，成为国内首个提出花生秧果兼收的团队，更是在“挑战杯”全国大学生课外学术科技作品竞赛上斩获特等奖。

创新做驱动，实践出真知

秧果兼收型花生收获机在国内还未有发明先例，而花生秧果无法实现兼收的现实情况亟待解决，团队老师看到了这一问题，积极引领成员为实现秧果兼收寻找创新点。有了思想的引领，在后期研发过程中，为了发现新的原理、获得更多的实践经验，导师把团队成员派驻到合作的企业车间，让成员在一线的机器研发与试制过程中发现问题、解决问题，积极与工人师傅和指导老师交流，不断创新，在实践中寻找问题所在，在解决问题中提出创新点，让秧果兼收成为可能。通过动手实践，团队成员提出想法的同时，真正动手实践来验证想法的可行性，最终，他们在实践中创造了真知，发明了4HYGJ-6秧果兼收型花生联合收获机。

团结协作，共渡难关

在4HYGJ-6秧果兼收型花生联合收获机日益完善的情况下，团队将目光放在了“挑战杯”全国大学生课外学术科技作品竞赛上，希望在这样的大舞台上检验团队的发明成果。团队进行了多方面的准备，从研发报告的整理，海报、宣传册到PPT、演讲稿以及比赛视频、机器工作原理模拟视频的制作再到现场答辩、比赛所需工具，每个环节都力求做到完美。但在这一过程中，团队还是遇到了许多问题，最让团队成员们印象深刻的是PPT制作上遇到的问题。

团队成员苏鑫回忆，“挑战杯”的侧重方向是技术方面的问题，而团队在制作PPT时所选取的方向严重偏离了比赛的要求。眼看着离比赛开始的时间越来越近了，而需要准备的工作还有很多，正在团队成员焦头烂额的时候，团队指导老师王东伟积极指导成员分工合作。材料多、时间紧、任务重，团队人员明确分工，每个人都在通宵达旦地整理材料，有一段时间指导老师也跟大家一起通宵整理材料，困了就在实验室里打地铺，休息过后就接着进行材料整理。在团队老师的指导和带领下，成员们团结一致，分工协调，经过几天几夜的加班加点，赶在比赛前完成了材料准备任务，自信地迎接比赛，项目最终在“挑战杯”全国大学生课外学术科技作品竞赛上荣获特等奖。

谈到团队为何能够取得如此优秀的成绩，团队指导老师何晓宁认为：“一方面得益于团队从组建至今得到了学院领导的高度重视与关切，在各方面均给予了大力支持；另一方面得益于团队集体意识强，责任心强，能够积极完成本职工作，认真对待工作的每个环节。”

团队发展离不开团队协作。团队成员拥有丰富的知识和参赛经验，他们能够较好地发挥自己的潜力。成员之间默契配合，积极沟通协调，努力达成目标。团队在材料撰写以及机器设计方面拥有较高的领悟能力，这也为研发和比赛工作的顺利进行提供了基础。

肯定现在，正视未来

优异的成绩自然令人高兴，而接下来的挑战也不容忽视。团队指导老师王东伟认为，要提升花生全程化机械生产水平，还需要多方面努力。在加强装备可靠性、稳定性的基础上，进一步提升机械的工作效率，加快机器新技术的示范、推广与应用都是推动机械化发展的有力途径。时代的脚步不会因为你的驻足而停留，科技创新更是需要不断坚持，秧果兼收型花生联合收获机团队虽然走在了时代的前列，但前路漫漫、任重道远，未来还有更多的挑战在等待着他们。胜不骄，败不馁，团队前进的脚步不会停息，团队的创新精神更会不断延续。

“植物维和，青春守护”志愿服务团：用青春书写灿烂

■ 许菲菲　刘甜甜　孟晓玉　马　双

青春美好而又充满挑战，一个充满理想、斗志昂扬的青年团队正在用他们的实际行动诠释着青春之美。他们发挥自己的专业特长，做了一件“小事”——运用专业知识保护身边的植物。

梦想路上，携手共进

实践出真知，对于“植物维和，青春守护”志愿服务团成员来说，更重要的是实践前的知识储备。厚重的植物学课本、参考文献以及实践地的植物志，这些东西在他们的准备中越变越薄，最后被他们牢记于心。

团队指导老师说，“实践方案的可行性才是最重要的，实践方案并不是一味地进行理想主义的空想，做到真正有利于植物更好地生存，把植物对人的作用发挥到最大化，把我们这个地区特有的植物和那些临近濒危的物种保护起来，把真正有利于植物生长存活的知识传授给农民才是这次实践真正的目的”。经过与老师多次交

流,服务团的同学们不断调整自己的调研方案,蓄势待发,等待着真正实践的开始。

小事不小,责任彰显

“植物维和,青春守护”志愿服务团相继在青岛市崂山区、青岛市城阳区毛公山、青岛市市南区五四广场、青岛市中山公园、植物园、青岛市翰林苑社区、泰山等地开展植物调研。

在毛公山调研的第一天,志愿团成员们与山东农业大学生命科学学院的志愿者们一起在广场集合,步行上山,调研沿途及周边环境中的植物多样性、物种分布及濒危植物的生长状况。队员们还引导市民和游客参与互动活动,在场地内设点放置前期制作的易拉宝,悬挂横幅,并现场解答有关植物的各类问题。在广场内向各地游客和市民分发调查问卷。在“我问你答”的互动环节中,市民通过浏览易拉宝上的植物知识参与答题,只要答对则可获得一些观赏性好且易存活的植物盆栽作为奖励,市民在享受种植乐趣的同时感受到了绿色生活。

同时,服务团相继在山东省内多个地区开展了多场宣讲,针对百姓身边的常见植物,对它们的食用价值、经济价值、药用价值等展开宣传,使百姓对这些植物有深入了解,同时把这些植物对人的作用发挥到最大化,而不是仅仅停留在知道它们是什么、可不可以食用的水平上。对邻近濒危的物种,运用专业知识,对它们的基因进行存档,建立了基因数据库,使这些存在于我们身边的“宝物”能够继续延续下去。

实现梦想,奋力前行

自2015年起,第一届“植物维和,青春守护”小分队调研团队提出了“让植物扎根现在,用绿色昭示未来”的活动主题,在指导老师辛华的带领下,他们攀登考察了崂山巨峰、二龙山等山脉,寻找濒危植物的足迹。为了确定其大体地理信息生长状况,他们还对其生活环境做了样方调查。在调研过程中,他们进行了访谈活动,了解了当地的政策、百姓的生活经验以及游客的看法和态度,对濒危植物现状有了更加深刻的认识。面对疑惑,他们在不断的探索和考察中找到线索,共同解决。2016年,团队再次行动,前往即墨豹山、即墨墨河公园、即墨田衡镇丰城社区刁家大丈村、青岛世园会植物馆、中山公园等地进行实地调研。在活动开展之前,队长带领部分成员对林业局林木种质站的董运斋老师,就当地的植被现状和种质资源的保护现状进行了相关采访和讨论。通过采访，小分队的成员们更加真切地了解到青岛珍稀植物的现状及其相关分布，并且得知国家在保护林木种质资源和珍稀植物方面已经出台了相应的法律法规，保护珍稀植物的工作也在有条不紊地进行中。与此同时，另一支分队所进行的社会实践宣传活动也吸引了很多人，有年轻妈妈，有老人孩子，在欣赏美景的同时，也学习了植物知识。“植物维和，青春守护”不只是我们在行动，大家都在行动。2017年，植物维和团队仍在路上。

一行人翻山越岭穿梭在无数的山头以及田间，系上了富有活力与希望的绿丝带。令他们印象最深刻的是一位老农在一棵寿命有好几百年的槐树下对他们说：“这棵槐树已经不仅仅是一棵树了，更是这个村子的象征，是一代代的传承啊！”这句话，震撼了实践队员们，大家突然意识到他们的责任就是为了让这样的精神和文化一代又一代地传承、延续下去。

砥砺前行，收获硕果

服务团自2013年成立以来，取得了不少成果：建立濒危植物标本库1个；开展濒危植物保护科普宣讲会16场；在崂山巨峰、二龙山等地区共发现24种濒危植物；实地调查20余次，为建立植物数据库收集了大量的可靠信息；提供调研报告10余份，完善和丰富了青岛市植物资源数据库和植物图志。获得山东省第八届“调研山东”一等奖、山东省第七届“调研山东”优秀奖、校第一届志愿服务项目大赛一等奖、山东省2016年志愿者暑期“三下乡”优秀团队、山东省2015年志愿者暑期“三下乡”优秀团队等十余项奖项。这些奖项不仅仅代表了实践团的成功和优秀，更代表的是志愿者们无数个日日夜夜的艰辛。

不忘初心，未曾止步

“植物维和，青春守护”志愿服务团不会停下脚步，会通过“以老带新”的方式将绿色行动传承下去，志在进一步提高人们的植物保护意识，在建立严谨的数据库的过程中，以实际行动影响人们的思想观念。让靠山吃山的人们真正了解、热爱、保护他们的生存环境与资源；让更多人认识到自己生存环境中有诸多的珍稀植物正在消亡，加入“植物维和”的征程中！

既然选择了远方便只顾风雨兼程，团队用青春书写灿烂，用汗水诠释辉煌，他们在山间留下的身影和飘扬的绿丝带将成为一道永不褪色的风景。

“智”绘贵州公益服务团：为爱黔行，放飞山区儿童科技梦

■ 魏梦雨　赵雪琳　牛记泽

2017年暑假，机电工程学院的一支队伍奔赴贵州省紫云苗族布依族自治县白石岩乡新驰小学，进行为期10天的公益志愿活动。团队以社区文化营造为着力点，在当地小学进行科技教育启蒙，致力于科技知识传播和科技课堂设计，并开展红色主题教育，传扬红色精神，增强爱国意识，曾在2017年度获得山东省优秀服务队荣誉称号。这支队伍便是机电工程学院的“智”绘贵州公益服务团。

用心准备，别出心裁只为爱

火车上的40小时，团队成员张庆斌给队员们上了一堂新奇的思维导图课，成员之间互相交流所学知识，把活动计划通过新的方式再次整理了一遍。思维的火花交互碰撞，延伸到公益活动的每一个细节。每位队员尝试按思维导图形式，用彩色画笔写下活动的准备、开展、后期整理等方面的内容。“还有七个弯就到了！”

司机吴师傅豪爽地喊道。跨越了2633千米，他们最终到达了本次社会实践的目的地——贵州省紫云苗族布依族自治县新驰小学。

风筝作为山东文化的代表，被他们带到了贵州。当地学生用画笔蘸取染料，在风筝上绘制出梦想，一笔一画，仔仔细细。风筝对于他们来说是一个新事物，“风筝要怎样才能飞起来？”“大家跑起来它就能飞起来了。”队员王浩名跑着做示范。水洼、土坑、石子、泥泞黄土，都无法阻止孩子们快乐奔跑的脚步。为深入了解贵州少数民族传统文化，服务团来到非物质文化遗产传承基地学习蜡染，一笔、一布、一蜡刀，传统纺织印染工艺，体现出少数民族传统文化的精妙之处。队员们也都亲自体验了蜡染的制作，从构图到描绘再到印染，大家小心翼翼地操作着蜡刀，生怕自己的作品上出现了瑕疵。铜鼓、凤凰、大鱼，各种各样的图腾被画在了画布上。“通过一块染布就能看出创作者当时的心态和情绪。”把风筝和蜡染作为文化交流的桥梁，使大山里面的青少年从另一个角度了解外面的世界，也让更多的人关注到了大山深处的他们。

精彩活动，展示大千世界

“老师，这是什么呀？好漂亮啊！”6岁的苗族小朋友朱子萱瞪大眼睛问。缤纷多彩的万花筒，冲向天际的水火箭，真实炫酷的3D眼镜，这是深山之中的他们第一次真正感受科学的魅力。新驰小学的同学们围着这些从未见过的“小玩意儿”，认真地听志愿者们讲解其制作过程和原理。会走的机器人，便捷的吸尘器，电动的摩天轮，科技展示课把更前沿的科技小作品展现在小朋友的眼前，激发他们对科技的向往。孩子通过用自己制作的眼镜观看爱国电影，宣扬红色文化。“我们教给他们做万花筒、3D眼镜之类的科技小制作，借助动手实践来探讨其中的物理原理，也是通过寓教于乐的方式来让他们对科技产生兴趣。我们带来的不只是物理科学知识，更多的是在他们未禁锢的想象里开启一扇未曾发现的门。”队员娄家浩谈道。

传递爱心，圆山区儿童大学梦

“我喜欢学习，但是家里无法支付我读书的费用，那我就听爸妈的安排，帮家里做一些事情，减轻他们的负担，他们让我做什么我就做什么……”12岁的张金艳偷偷拭去眼里的泪水。今年刚初三毕业的张金艳，由于家里无法承担她的读书费用，放弃了可以改变自己命运的中考。“看着她在风华正茂的年纪辍学，听着她对于学习的渴望，我真的是感慨万千，真的希望我们的活动能感化到更多的社会人士来帮助他们。”队员陈岚华感慨道，“很多孩子平时要走一两个小时的山路来上学，路途遥远，山中雨水又多，大多数男孩子是不打伞冒雨行走的。每次看到小男孩头发上尚未擦干的雨滴，总是心酸他们的条件艰苦，也欣慰他们对知识的热爱。”因此，面对艰苦条件下对学习充满热爱的孩子们，“智”绘贵州公益服务团进行了众筹活动。除此之外，服务团还为贵州山区孩子们发放爱心书包以及其他学习用品，鼓励山区孩子们好好学习。

备受关注，期待遇见更多爱

“智”绘贵州公益服务团实践活动入选中国青年网“青春同行，温暖童心”关爱留守儿童系列报道，被多家媒体报道30余次。“我们最初的宣传目的是呼吁社会各界关注和了解贵州山区青少年的成长，贡献自己的力量，同时让各高校、社会福利机构了解我们的公益项目，使项目得以复制，更广范围地帮助其他贫困山区的青少年。”队长王瑜说。“你们的实践活动非常有意义。贫困地区的现状，确实不是大学生支教、媒体呼吁就能解决的，让我们共同携手，唤起外面世界对这个群体的关注，努力帮助贫困地区脱贫，让更多的孩子走出大山。”

《新传媒》报:不忘初心,方得始终

■ 汤舒楠 郑 珂 李 楠 嵇安奕

《新传媒》报,动漫与传媒学院院报,中国高校传媒联盟会员单位,创建于2013年10月1日,被称为“最具潜力的校园媒体”。其办报理念是“为学生理想信念书写,为新闻传播事业出力”,力求使报纸实现从专业报到深度报的转型,是一份新媒体与传统媒体相结合的校园报纸,目前是动漫与传媒学院影响力最大的学生媒体之一。《新传媒》报由动漫与传媒学院赵晓春教授命名,学院党委书记王进国、院长孙云宽担任报纸总顾问,实验中心任红霞老师担任指导老师。

初心

《新传媒》报创建初期为班报形式,后改为四开铜版纸彩色印刷,分为“01知天下”“02懂生活”“03会学习”“04有梦想”四个版面,双周刊,至2019年1月初已印刷72期。报纸印刷量为每期600份,实现了动漫与传媒学院师生的全覆盖。报社现在由第六届学生成员班子在运作,共有13人,人员专业涉及传播学、广告学、动画、编导等。在第五届中国(山东)高校传媒联盟年会上,有2名报社成员担任部门干事。随着《新传媒》的发展和报纸的多元化，采用编社分离的二元管理模式，成立了总编室、编辑部、摄影部、新闻通讯社、新媒体中心、社务发展中心、发行宣传部等部门，大大提高了办报水平。

2013 年 10 月 1 日，传播 2013 级 1 班班长战泓玮带领班级同学创作了第一期班级报纸《青岛农业大学传播新报》，即《新传媒》报纸的雏形，战泓玮任主编，任红霞任指导老师，报社成员为传播 2013 级 1 班全体同学。报纸使用 WORD 排版制作，使用班费打印和复印之后发给同学们。制作过程中，同学们都很积极踊跃，新的想法层出不穷，专业知识的缺乏很快显现出来，简单的报纸排版使内容展现和传播方式受到很大的局限，资金紧张也很快出现。

2014 年年初，主编与指导老师一起对报纸的办报理念、受众定位重新做了策划，并对版面进行重新设计，动漫与传媒学院时任院长授名，报纸正式更名为《新传媒》并成为院报，由学院出资印刷，每期 600 份，受众为动漫与传媒学院全体师生。

发展

报社成员和负责老师从不懈怠，每期定时选稿、排版、校对、发送，内容积极新颖，贴近广大师生的工作学习与生活，得到了学院领导、老师和同学们的认可与好评。2016 年 10 月，报社增设视频部，成立“新传媒”工作室。视频部与报纸相互辅助，原创作品不断，拓宽了平面媒体的发展前景。

而作为一份院报，报社成员时刻关注发生在身边的新闻，为同学们带来最新的消息。首先，校园新闻记者在采访和编辑过程中注意对新闻事实的还原，其次在采访过程中注意平等的交流意识。拿秋季招聘会来说，在场的多为各公司重要人物，但采访并不能因此而降低自己的高度。要知道双方均为新闻事件的参与者，是采访者与被采访者的关系，这一点很重要。再者，报社成员身为《新传媒》工作人员，外出采访代表的是《新传媒》的形象，在言谈举止、平衡话语权方面一定要严谨细致。报社成员坚信，只有夯实基本问题，才会写出有温度、有深度的文章。

成就

报纸成功加入中国高校传媒联盟，编号 cumu180050。报纸发展已经取得一定成果，将在可读性方面进行改进，采取同学们乐于接受的方式，增加服务性的内容，增加百科、生活类知识的普及，增进报纸专业性，比如摄影知识、漫画专栏、英语四六级等同学们关注的内容。2016年，报纸获得中国大学生新闻奖山东地区优秀作品奖（版面设计类），并在山东校媒微信平台发布。

今年也恰逢《新传媒》报成立五周年，报社成员收到了前辈的鼓励，收到了学院领导老师的关切寄语，收到了很多关注这份报纸的读者的热情反馈。报社成员坚信，在未来的很多个五周年里，报社依然会秉持住“为学生理想信念书写，为新闻传播事业出力”的最初理念，踏踏实实办报，不负读者所望。

ERP 沙盘协会:以 ERP 为名,秉初心向前

■ 崔　蓉　王汝雪　宋颖芳

成功的背后是不懈的努力和坚持,是在实验室里一遍又一遍地重复早已烂熟于心的方案,是一次又一次地计算那繁琐枯燥的数据。支撑他们继续奋斗的是心中对 ERP 理念的认可,是一颗颗热爱协会、无私奉献与追逐梦想的心,是为学校、为协会争光的坚定信念。立鸿鹄志,做奋斗者,他们在行动!

天道酬勤,拼搏无悔

ERP 沙盘模拟经营大赛,是一个无时无刻不在动脑、进行精密计算的比赛;是一个需要团队齐心协力、众志成城的比赛;是一个磨练意志并让你始终坚信“天道酬勤”的比赛。

ERP 沙盘协会一直都在为比赛做准备,每天晚上组织成员培训到深夜,他们辛苦却心甘情愿,艰难却充满希望。有一个小组这样回忆他们的比赛:“还记得第一次培训,拿着厚厚的一沓规则,五个人,自信满满,满怀期待来听赛前培训,结果大家却都像霜打的茄子一般,无精打采。从开始的满怀期待变为希望落空,自信满

满变为手足无措。但是在听完ERP沙盘协会的学长学姐的耐心讲解之后，我们很快地了解了规则。这个过程虽然很辛苦，但是很满足。”

ERP沙盘协会致力于举办校级比赛，通过校赛选拔人才去参加省级、国家级比赛，所以很多来参加比赛的同学都有一个省赛梦、国赛梦，在他们觉得辛苦时支撑着他们。ERP沙盘协会记住每一个为比赛、为学校而奋斗过的人。有一个小组是这样回忆他们的培训的：“从第一次培训之后，就开始了一个漫长而艰苦的过程。还记得一开始我是财务总监，每天要做很多张财务报表，数不清的数据和公式。从培训时每张表都出错，到比赛时所有的财务报表全部做对，其中的艰难无法言喻。我们互相鼓励，互相支撑，开始尝试从做一个合格的财务总监到学习做一个合格的CEO。又是无数张经营表，又是无数次练习，我们讨论了无数个方案，做了无数次新方案的尝试。还记得高中那句熟记于心的名言：‘骐骥一跃，不能十步；驽马十驾，功在不舍。’这一刻，我深刻地体会到这句话的含义，我也一直坚信着这句话。世上无难事，只怕有心人，天道酬勤，我们的努力没有白费，我们终于获得了参加省赛的资格。”

“省赛开始之前那段时间，是一段类似高考的日子。它和高考很像，因为很累，起早贪黑，它和高考又很不像，因为我们不再像高考一样，各自为战，而是累了可以互相打气，互相支撑。我们是一个团队，是一个整体，我们不是一个人作战，是并肩作战。那些练习网赛的日子是珍贵的，是难忘的，在那段日子里，我们几乎每天都呆在一起，在比赛能力日益提高的同时，也培养了浓浓的‘战友情’。”

ERP沙盘模拟经营大赛是一个锻炼能力的比赛，ERP沙盘协会是一个能带来感动、传递正能量的协会。ERP沙盘协会始终在为了更高的目标努力，为学校荣誉而奋斗。ERP沙盘协会坚信天道酬勤，拼搏无悔！

向荣而生，不负韶华

“前有阻碍，奋力把它冲开，运用炙热的激情，转动心中的期待，血在澎湃，吃苦流汗算什么。”每个人都渴望成功，作为青农的一份子，作为协会的一份子，协会的每一个人都希望能给学校，给协会赢得荣誉。所有的成功都来源于不断地努力，经过几个月艰苦的训练，每个参赛的同学都怀着无比激动的心情，代表青岛农业大学，带着整个协会的希望，踏上去山东省沙盘模拟经营大赛的征程。

那是6月份的一个清晨，他们整个队伍早早地集合，坐上去济南的列车。即使是在路上，他们也不懈怠，尽力调整状态，并将经过他们无数次训练赛总结出来的属于自己的方案反复熟悉，反复琢磨。虽然老师和学长学姐们嘱咐他们说尽力就好，把心态放轻松，成绩不是最重要的，更重要的是累积经验，但是他们自己心里也明白，承载着大家的期望，他们要做到最好，就要给自己压力，有压力才能转换为动力。

校赛那一轮又一轮的比拼，之后长达两个月的训练，一个个早出晚归的周末，一张张经营表与演算纸，一套又一套经过无数次修改的方案，每个参赛队员都为此付出了努力，为此付出了心血，那些艰苦卓绝的日子，为的都是这场比赛。

省级比赛过程中，参赛队伍按照预先的方案开始经营，一次一次地反复确认方案，前期的经营效果也按照赛前预想的那样稳步发展，但比赛毕竟是比赛，赛场上的形势千变万化，第四年的订单与预想偏差很大，如果不更改他们原先的方案，必定对最后的成绩有很大的影响，但是如果要在短短的时间内临时更改方案，将会承担很大的风险。在这种紧张又为难的时刻，CEO表现出了前所未有的冷静，他在经过慎重的考虑之后，调整了方案。因为经过长时间的磨合，每个人都对自己队友的能力很放心，他们没有时间犹豫，根据CEO新订的方案，立马开始了各自负责的工作。他们争分夺秒，大脑快速运转，努力根据比赛最新的情况将自己的方案最优化。

终于，他们完成了所有的工作，最后一年的结果还没有公布，每个人心里都忐忑不安。等待结果的那几分钟，心里无比的煎熬。当看到大屏幕上显示的代表着青岛农业大学的队伍的名字出现在第一名的地方时，他们明白了一切都是值得的。

“我会感受到拼搏带给我的无穷力量，当我踏入这神圣的殿堂，我会感觉到梦想折射出来的辉煌。因为这是大家用斗志和昂扬来构建的神圣殿堂，崇高，无上。”真正经历过那种拼搏之后，大家才知道，结果并不是最重要的，那段奋斗过的时光，才是最应该珍惜的，才是在ERP沙盘协会最深的记忆，那是协会里所有人一起经历过的热血，一起经历过的青春。

风雨之后，彩虹终现

时光荏苒，经过数天的激烈角逐，ERP沙盘协会参赛代表队在比赛中脱颖而出，取得了骄人的成绩，风雨之后，彩虹终现！尽管过程跌宕，但结果终是尽如人意。

“成功呈概率分布，关键是你能不能坚持到成功开始呈现的那一刻。”

“实现梦想是一个艰辛的过程。只有坚持下来的人，才会成功。梦想实现的过程会流泪，会流汗，还有可能会流血。”省赛与国赛就是他们的“梦想”，值得庆幸的是最终他们坚持下来了，成为那少数人中的一部分。这就像是一场攻坚战，这场战斗的敌人不仅有其他高校的参赛代表，还有他们自己。这一战，进一步打响了青岛农业大学的名声，这一战，让他们遇到了更好的自己。“我们从不畏惧各种艰难险阻，只因为我们是ERP沙盘协会的一员，只因为我们是青农人。”“是比赛教会了我们何为齐心协力，何为坚持不懈，何为冷静迎战，也是比赛教会了我们成长的要义。”

温馨美好，ERP的大家庭

ERP沙盘协会是一个温馨美好的大家庭。谈到协会的氛围，ERP沙盘协会的一位骨干向我们讲述了她的故事：“在ERP沙盘协会骨干竞选中，我表现得很紧张，但面试我的学长学姐们耐心地听我把话说完。培训的时候学长学姐很认真，耐心帮我解决问题，能加入这样一个组织，我真的非常开心。”ERP沙盘协会就是这样，在着力发展自身、追求协会更好发展的同时，不忘协会内部建设，努力营造出团结和谐的气氛，让每位成员都感受到家一般的温暖。ERP沙盘协会会长崔蓉说：“既然进了这个协会，我们就是一家人，ERP沙盘协会就是我们的家，我们一定会把自己的家园经营得更好。”

不忘初心，砥砺前行

回首以往，青岛农业大学ERP沙盘协会在成立的六年里荣获了多个奖项。

2013年——崭露头角。荣获第九届全国大学生“用友新道杯”沙盘模拟经营大赛山东省总决赛本科组一等奖，二等奖。

2014年——再接再厉。荣获第十届全国大学生“用友新道杯”沙盘模拟经营大赛山东省总决赛本科组一等奖，二等奖；山东省第三届高等院校企业竞争模拟大赛三等奖。

2016年——水到渠成。荣获第十二届全国大学生“新道杯”沙盘模拟经营大赛山东省一等奖；第五届山东省高等院校企业竞争模拟大赛三等奖。

2017年——乘胜追击。荣获第十三届全国大学生“用友新道杯”沙盘模拟经营大赛山东省总决赛特等奖、一等奖、二等奖、三等奖；第十三届全国大学生“用友新道杯”沙盘模拟经营大赛全国总决赛二等奖；2017 年全国企业竞争模拟大赛暨第八届全国高等院校企业竞争模拟大赛三等奖。

2018 年——大放异彩。荣获山东省“学创杯”大学生创新创业综合模拟大赛特等奖两个，一等奖一个；第十四届全国大学生“用友新道杯”沙盘模拟经营大赛山东省总决赛一等奖两个，二等奖一个；“学创杯”大学生创新创业综合模拟大赛全国总决赛一等奖；第三届全国企业经营分析与决策技能大赛二等奖；第九届（2018）全国高等院校企业竞争模拟大赛三等奖。

“当你征服一座山峰时，它已经在你脚下了，你必须再找一座山峰，否则，你只有下山，走下坡路。”协会的目标绝不止步于此，2019 年、2020 年甚至往后每一年的省奖、国奖，ERP 沙盘协会已做好准备。

大学生艺术团:心有多大,舞台就有多大

■ 于梦圆　高　远　薛春燕

校大学生艺术团,一支成立于2003年的学生艺术团队,多年来,秉承“弘扬民族文化,倡导高雅艺术”的宗旨,通过组织开展一场场校内外文艺演出,不断激发广大青年学子对艺术的执着追求。15年来,这个集艺术、文化、娱乐于一体的学生文艺团体,在专业老师的指导下,营造了良好的校园文化氛围,逐步建立起校园文艺演出的品牌化系统设计体系。15年来,这支团队曾荣获国家级、省级、市级等多个奖项,并多次代表学校参加校外大学生文化交流活动。15年来,这个团队一步步成长、一步步壮大,始终坚守着对艺术的热爱。

因为热爱,所以坚持

台上的聚光灯下,艺术团团员们个个光鲜亮丽;台下的练功房里,他们默默无闻,挥洒汗水。“台上一分钟,台下十年功”,对于他们来说,每一个重复训练的动作,每一段反复推敲的台词,每一节再三调整的曲调,只为保证台上精彩的“一分钟”。婀娜多姿的舞蹈、从容不迫的主持、娓娓动听的歌声……都是台下一次次练

习的成果，各种艰辛只有团员们自己清楚。

在山东省第十五届科技文化节中，艺术团演奏的四重唱阿卡贝拉，在400个节目中脱颖而出，最终荣获山东省二等奖。但艺术团从零开始的艰难谁又能想象得到。因为人员较多，唱功的参差不齐提高了训练难度，但大家最终克服了种种困难。在比赛的层层筛选过程中，节目越来越完善。每个人因为热爱来到这里，也因为这份热爱坚持下去。

大学生艺术团友爱、团结、自信、充满朝气，这里汇集了舞蹈、曲艺、主持等各方面最具实力的人才。韵味十足的舞蹈、洋溢着青春活力的歌声、幽默自然的曲艺……“不积跬步，无以至千里；不积小流，无以成江海”，在长时间枯燥无味的训练中，艺术团秉承着坚持不懈的信念，在舞台上奉献着自己的力量。前行之路必然困难重重，有来自旁人的不理解，有表演当中的失误，但他们坚信一路向前，阳光总在风雨后。

因为坚持，所以专业

大学生艺术团团长王臻说：“我在艺术团学到了两点，待人真诚最重要，努力比天赋更重要。”艺术团里每个人的起点都不一样，有的从小就打下了良好的基础，有的则是怀揣着一颗对艺术追求的心在不懈追求。他们都在努力着、坚持着、拼搏着。

“宝剑锋从磨砺出，梅花香自苦寒来”，舞蹈队的每个节目都浸润着舞者与指导老师的付出，舞蹈中的每一个动作，都经过长期的训练，达到专业水平。2016年9月的迎新晚会，演出中突降大雨。舞台被雨水淋湿，音响设备因露天原因不得不关闭，工作人员决定取消本次活动，劝说后续队伍离场。雨下得越来越大，观众也逐渐撤离。但舞蹈队仍然坚持上台表演，所有的舞者和指导老师都在与主办方一遍又一遍地协调，终于，舞蹈队的真诚打动了主办方，同意他们完成表演。舞台被打湿，却未能影响节目质量半分；音响不能播放，舞者们喊着拍子完成了一整支舞蹈。雨坠如珠，舞者灿烂的笑容打动了很多人。

因为坚持，团队的成员们为自己的青春画上了浓墨重彩的一笔。春去秋来，他们传递着艺术之美，传承着坚韧、挑战、执着的信念。跳跃时绷紧的脚背，是舞蹈队成员对表演的一丝不苟；合唱队成员执着的眼神，是他们对艺术的坚持；曲艺队员们台上表演时的灿烂笑容，是他们对艺术发自内心的热爱。

艺术团副团长蓝方说:“如果决意做一件事情,就不要再问是否值得,心甘情愿才能理所当然,理所当然才会义无反顾。”大学生艺术团经历了15年的风雨,保留着当初的那份热爱与初心;沉淀着每位团员传承下来的责任与使命。热爱舞台、忠于信仰的大学生艺术团,在与虹子湖畔相守的岁月里,向着朝阳,舞出青春。

因为专业,所以传承

在2018年艺术团15周年汇报演出的舞台上,那些曾在艺术团挥洒过青春的学子们不远万里地赶到现场。历届团长相见无言,已是泪人。老团长们在舞台上哽咽道:“正因我们对艺术团有真挚的爱,所以要回来看看。艺术团是家,我们要回家。”言语之中,表达了他们对艺术团的无限思念;泪流之瞬,体会到了一代代艺术团成员对艺术团的浓浓深情。当他们再次站上这熟悉的舞台,依旧是满腔的热情,依旧是满满的自信。也正是他们的这份热情和自信,才换来新老团员的完美承接。一届又一届的团员像一股股新鲜的血液,凝聚着全体艺术团人的希望,满载着艺术团的未来。

创新是艺术的生命之魂。大学生艺术团将创新与自身发展相结合,激发自身的动力,进而赋予大学生艺术团新的内涵。

因为专业,所以传承;因为专业,所以创新。艺术团浓郁的文化氛围,良好的创新精神,给团员提供了创新发展的深厚土壤。有着坚实的外部条件支撑,传承和创新已经深入大学生艺术团的方方面面,在舞蹈方面,融入了中国传统文化元素的中国舞,舞出了小桥流水的魅力;多姿妩媚的拉丁舞,挺拔健美的身姿,彰显出自信力量;燃爆全场的爵士和街舞,用跃动的身姿抒发内心的澎湃。同样,在乐器的演奏中,有“素琴弹复弹,会有知音知”的缥缈空灵,也有“铜管悠悠表我意”的雄壮热烈。

大学生艺术团,勇于尝试,大胆创新,给观众们带来一场又一场的艺术盛宴,也让莘莘学子在舞台上尽情绽放出艺术的魅力。

赴滕州新农村建设实践团：科技服务乡村，爱心助力“三农”

■ 丁 晨 戴 旻 张 洁

为认真学习贯彻习近平总书记系列重要讲话和对山东工作重要指示精神，依照全省扶贫开发工作会议和团省委青春扶贫行动的部署要求，充分发挥当代青年在扶贫开发攻坚战中的生力军和突击队作用，经济学院(合作社学院)以与滕州市合作建立的农村改革发展研究院为依托，以长期的帮扶指导及调研考察活动为基础，充分发挥学术优势及智力资源优势，利用2016年至2018年暑期时间，开展连续性的支农支教、文艺汇演等内容丰富、形式多样的调研实践和志愿服务活动，发掘大学生在社会主义新农村建设中的积极作用，培养青年学生的社会责任感、使命感和实践能力，为当地农业产业升级与转型提供专业指导，帮助当地实现脱贫致富，探索出一条滕州市乃至山东省农村改革发展的新道路。

科技支农，青春建新功

“三下乡·千村行动”大学生暑期社会实践专项行动是团省委青春扶贫行动

的重点工作项目之一，是认真贯彻落实省委“坚决打赢脱贫攻坚战”的工作部署，进一步树立和培养大学生历史使命感和社会责任感的一项重要举措。经济学院（合作社学院）根据共青团山东省委以及校团委的相关文件精神指示，结合专业特性，通过组队选拔的形式确定了赴滕州市新农村建设实践服务团为“三下乡·千村行动”的专项团队，奔赴滕州市龙阳镇河北李庄村进行为期三年的扶贫帮扶工作。

团队本着“做什么、怎么做、做到什么程度”的原则展开精准扶贫工作，并根据团队人员的具体分工，以“精准扶贫”为主，以“支教下乡”为辅，开展连续性的支农支教、文艺汇演等内容丰富、形式多样的调研实践和志愿服务活动，力争为当地农业产业升级与转型提供专业指导，帮助当地实现脱贫致富，探索出一条滕州市乃至山东省农村改革发展的新道路。

实践团队立项结束后，赴滕州新农村建设实践团及时寻找老师询问专业性意见，学院院长李中华和教师江文斌结合实践立项和实践特点给出了专业性的指导意见，实践团根据导师建议和实践特点面向全院募召实践队员，结合暑期社会实践经历、专业特点分布进行人员召集，最终确定了16名实践队员赴滕州进行调研。人员召集完毕后，实践团对队员们进行专业培训，明确分工，各司其职，在实践前期举行定期例会，每个实践队员都为实践过程建言献策，制定了每日的走访安排，根据实践目标和要求，搜集有关课题和方案，进行了密切的讨论，在前期付出的努力和汗水都变成了实践过程中的不竭动力，带着团队精神，实践团到达滕州按原计划开展实践工作。

循序渐进，实践助新村

赴滕州新农村建设实践团分别在2016年及2017年暑假前往滕州市龙阳镇河北李庄村进行扶贫帮扶工作，两次实践，以调研为依托，逐渐深入调查，团队总结了2016至2017年这一年以来的新变化、新发展。通过两年数据的对比分析，赴滕州新农村建设实践团总结归纳出李庄村的贫困原因，通过导师指导和专业的结合对李庄村进行了脱贫分析。

2016年暑期，团队首次到达龙阳镇李庄村，在滕州市龙阳镇李庄社区服务中心顺利举行了精准扶贫社会实践活动启动仪式。院长李中华，我国台湾逢甲大学合作经济学系主任杨坤锋，滕州市委办公室副主任、扶贫办主任盖立洪，滕州市农广校校长范正，龙阳镇镇长王慎龙，学院教师江文斌发表讲话，青岛农业大学经济学院（合作社学院）、我国台湾逢甲大学学生代表以及李庄村村民代表与会并参与讨论。会议由龙阳镇党委书记宋捷主持。实践中期，副校长杨同毅一行来到滕州市重点贫困村——李庄村，亲切看望慰问驻村精准扶贫社会实践队，了解团队精准扶贫工作的进展情况并进行了指导交流，为队员们下一阶段扶贫工作的顺利推进开辟了新思路。学校副校长杨同毅跟随调研组成员深入贫困户进行二次面访调研，并向贫困户家庭子女赠送了学习用品。

通过各位名师的指导，实践团对工作行程进行了补充，后期面访村两委和农广校校长，村里村支书和第一书记；向到过村里的专家询问，并咨询村里的贫困情况以及改善措施、村里入股账簿、会议记录等详细情况；支教工作进一步创新方式方法，完善丰富活动内容；产业对接工作着眼于产学研一体化，做好资源整合和产业链延伸的准备；外围调研工作要进一步深挖典型和素材，总结和借鉴有益经验，取长补短。本次实践中实践团队实地走访调研了所有贫困户，受访人群达到60%，建立了李庄村的微观经济收入数据库；对四户特困户达成帮扶意向，并通过众筹募集到1800多元，为他们以及家境贫困的学生送去一些生活日用品等帮助。

2017年暑期，赴滕州新农村建设实践团再次到达枣庄滕州李庄村进行二次社会实践，实践团根据李中华院长确立的最终指标，第二年中期深入研究，积攒力量，为社会实践结项共同努力。在第二年的深入考察中研究新型合作组织在农村发展中的实际功效，为当地政府制定相关政策提供参考。最为重要的是，通过为李庄村设计田间大课堂方案，讲解相关专业知识，为未来李庄村的发展及大学生就业创业方向积累了经验。

实践期间，实践团走访了20多家贫困户，完成25份精准扶贫调查问卷。后期将数据整合分析，得出该村致贫的六大问题，与一期数据进行对比，分析一年来村内为村民所做实事及扶贫对策。2016年暑假通过团队对贫困户的访问了解，河北李庄村贫困户致贫原因主要集中在家庭成员患重病、劳动力短缺、家庭成员上学等三大方面，在2017年暑假，实践团根据李庄村的上述致贫原因针对性地开展扶贫。

在这一年，实践团依托“田间大课堂”的平台，联系学校“思享读书会”和青岛出版集团，将爱进行到底，沿袭去年与青农“虹书屋”共办书香大会的理念，500多册儿童书刊与田间课堂农业知识相关图书安置一处，分门别类整理书目，定期开放，供李庄村孩子和农户学习使用。期间，团队队长戴旻与魏书记共举行捐书仪式。魏书记谈道：“下一步将整理完善书籍，我们定期开展农民教育，讲解科学知识，真正落实科技下乡，将书香传递李庄百户家。”

依据因病致贫，据2016年的实践调查，李庄农村合作医疗卫生制度日趋完善，大多数居民合作医疗有所保障,有效减少看病难、费用高带来的疾病难医问题。据此,2017年实践团队赴滕州,邀请校红十字会实地讲解医疗卫生小常识。对于普通居民,介绍常见医疗卫生问题的及时性个人医治的方式方法;告知村里的小朋友水火电的安全隐患,做到有效预防时节性溺水和季节性疾病问题。最后,分发家庭常备小药箱,交接给村中医疗卫生诊所的王大夫,提高夏日疾病防范意识,使居民在家中也能有备无患。

同时在支教过程中,以"着汉服,行汉礼"的方式将国学礼仪带进课堂,据队长戴旻介绍:"乡间课堂一直都缺乏创新性的授课内容、授课方式,现在中国越来越重视国学知识培养,很多小学开授了相关课程,但乡村孩子学习相关知识的机会却很少,所以我精心准备了此次授课,不仅给孩子们带了国学盛宴,也使孩子们更加知礼懂礼。"

重视宣传,形象赢风采

赴滕州新农村建设实践团在两年实践过程中,重视宣传,以微信平台、新闻报道、宣传会等形式在校内进行广泛宣传。同时在实践过程中校外媒体也对赴滕州新农村建设实践活动进行了积极报道。2016年,中国青年网、大学生新闻网国家级平台进行了3次报道,总计16次。2017年实践团在半岛网、今日头条、中国大学生新闻网报道3次,总计44次。两年来,实践团队更加注重宣传报道的力量,让更多的同学了解了社会实践的魅力,在校园中树立了形象。

团队合作,精神永长存

通过"三下乡·千村行动"的契机,一行志同道合的人聚在一起,因为共同的目标,真正体验下乡,深入了解"三农"问题,无论是在能力上还是心灵上都得到了一次锻炼和飞跃。

在各位领导老师的指导和关怀下,所有实践队员通过前期查阅资料、咨询专业老师、筛选分析数据、建言献策和共同努力,最终形成了一份带有专业特色和地方针对性的调研报告。两年的社会实践过程让实践队员有了传承感,又回到熟悉的街道,又看到熟悉的面孔,第二年的实践过程丝毫没有让实践队员感到倦意,他们仍然精神饱满地投入实践工作中,做出了令他们自己满意的成绩!相信他们的实践故事会带动更多的大学生投入社会实践,扎根基层,服务社会,不断奉献。

汉语言文学1201团支部：韶华不负，激扬远航

■ 曹斯亢　王　丹　薛春燕

有这样一个团支部，多次获校红旗团支部、先进班集体等荣誉称号，支部成员累计获得国家级奖励3次，省级奖励5次，市级奖励18次，校院级奖励100余次，各级各类奖助学金16项。由团支部发起的“关爱农民工随迁子女——放飞新的希望”暑期社会实践活动，被团中央评为2013年全国暑期社会实践重点团队；发起的“走进摊二代，助力心成长——滋润花季，快乐儿童”暑期社会实践活动被评为2014年度全国百强社会实践优秀团队；组建的“迁徙不断，关爱不止——关于候鸟儿童的调研及关爱”志愿服务项目赴北京参与项目交流，被评为2015年全国百强社会实践优秀团队，同时获得2015年山东省青年志愿服务交流会暨首届青年志愿服务大赛铜奖。团支部书记王丹热心志愿服务和社会公益事业，组织成立了青岛市第一支大学生公益组织——星辰公益，在青岛市组织开展了50多次爱心服务活动，募集善款12万余元。2015年，王丹从青岛市近千名大学生中脱颖而出，当选阿德莱德青岛姐妹城市学生大使，代表青岛市大学生赴澳交流游学，在中澳两国引起了良好的反响。

这就是人文社会科学学院汉语言1201班团支部。

这样一个团支部来自五湖四海，有“这个妹妹，我曾经见过”的喜悦，有“幸会，今晚你好吗”的怦然心动；这样一个班集体，相识之后，他们相互扶持，有“以文常会友，唯德自成邻”的情怀，也有“人生结交在终结，莫为升沉中路分”的誓言；这样一群人，相望未来，相濡以沫，面朝大海，春暖花开。最好的支部，在风雨中接受洗礼，不畏狂风骤雨。在烈日炎炎中，不惧干渴炽热，因为前方有29个人共同追逐的梦想。在班主任蔡连卫老师的悉心指导下，在两委会和全班同学的努力下，这个支部团结向前，如此珍贵，如此难得。

学习之余，他们开展丰富有意义的课余活动：志愿活动为每个同学的大学生活添上美好的一笔：王丹同学连续三年参加青岛国际蓝莓节暨中国国际蓝莓大会；田玲、马珑钰、王艳、万新新四名同学通过了世界园艺博览会志愿者的面试，并在博览会中积极服务获得了一致好评；此外，还积极组织寒暑假社会实践活动，他们利用课余和寒暑假时间，持续关注青岛市自闭症儿童的情况，参加第一届青岛市关爱自闭症儿童公益演出，并到青岛市自闭症儿童康复中心做志愿服务活动；当他们得知家境贫寒的同学母亲身患重病时立马组织了爱心募捐；暑期社会实践服务团——星辰公益团也被评为院级优秀实践小分队；2013年暑假，其“梦飞扬”实践小分队远赴滨州市滨城区三河湖镇政府进行了为期一周的政府机关岗位体验活动。此外，刘禹彤、马珑钰等同学在社团部举办的“利刃出鞘，职场点兵”职场模拟情景剧活动中分获一、二等奖；刘腾腾、张瑜、范素馨等同学在“备战在今朝，未来我做主”企业创业创意大赛中荣获二等奖。除了重视个人的发展，汉语言1201团支部也获得了校级红旗团支部、先进团支部、校级快乐班级大赛一等奖和全国社会主义核心价值观优秀团支部等荣誉称号。

他们积极开展特色活动为学习增添了动力。在大学生活中，宿舍活动当然必不可少，于是，互查宿舍成为他们的一个特色。为了进一步加强班级宿舍内务整理，班级展开互查活动，由班主任带领班级宿舍代表每两星期检查一次班级宿舍，通过宿舍之间相互交流整理宿舍心得和妙招提高宿舍卫生水平。新媒体迅速发展的时代，汉语言1201班团支部有了每周微博。每周微博是指每个周末由负责人将这周来发生的时事要闻整理并更新到班级微博上，供大家查看。支部积极利用新媒体作为宣传阵地，建立了飞信群、QQ群、腾讯微博、新浪微博等，及时转发信息，取得较好效果，增添了班级的凝聚力。

“虽有至道，弗学不知其善”，有这样一个信念，支撑他们走过漫漫四年路。面对过去，他们无憾，面对未来，他们值得期待。

“虹书屋”：搭建阅读的虹之桥

■ 常 腾 葛 璇 郭文俊 亓永传 孙晓凤

初心，微小而美满

2010年，一名普通的志愿者——理学与信息科学学院软件2010级3班的郝秀波在青岛市发起“图书室计划”并成立“虹书屋”，后经过第一个五人团队的补充，在2012年12月正式定名为“虹书屋”计划。

埋下梦想的“种子”

郝秀波初进大学校园时，跟大多数人一样，对大学里的各种事物都充满了好奇，而郝秀波的好奇里却夹杂着一份震撼，一份对大学图书馆藏书量的震撼，因为在郝秀波的记忆中，书，是一样多么罕见的东西，但是此刻在她面前的却是不计其数的图书。就这样，在这种震撼中，一粒微小而美好的种子——为乡村孩子带去图书，悄无声息地埋在了郝秀波的心里，待到时机成熟，便迸发出无穷的生机。

“种子”破土而出，梦想扬帆起航。有了想法，就要付诸实践，郝秀波先是花了大量的时间去查阅与儿童教育相关的书籍、论文，在课间与老师深度探讨乡村教育问题，寒假还亲自参与了一次支教活动，并在暑假期间到北京梁漱溟乡建中心接受了为期14天理论培训。前期做了充足的思想准备工作，接下来就是把思想层面上的东西变成现实，郝秀波在这方面做了大量的工作，有时候一天联系多个公益组织或基金会，希望能得到资金上的支持，有时候顶着烈日，拿着活动策划书到城阳附近各中小学去，希望能得到图书上的支持，郝秀波还亲自到各地寻找受助小学，尽管在这个过程中遇到了许多的困难和失败，但郝秀波仍保持着初心，以百分百的干劲儿来做这些事，这种不放弃的精神正是“虹书屋”走下去的支柱和虹客们工作的动力。

2012年是“虹书屋”发展历史上重要的一年，在这一年，“虹书屋”由一个人的想法变成了一支五人组成的团队，并且在共同努力下，于2013年在菏泽建立了第一所书屋，虽然在规模上相比其他图书馆比较微小，但在每一位虹客的心中却是那么的美好。

坚持，星火可燎原

在2011年春天郝秀波提出“虹书屋”计划之后，一颗公益的种子萌芽，以早春阳光雨露的滋润开始茁壮成长。“虹书屋”计划吸引着一批又一批热爱公益实践、关注乡村儿童阅读和教育的青农学子，在郝秀波面临毕业之际，接过画笔，开始描绘新的成长蓝图。虽然在建设初期没有足够的书籍和大规模的队伍，但星星之火，可以燎原，“坚持走下去”是“虹书屋”那个时期的标签。

在社团建设的初期，“虹书屋”得到了理学与信息科学学院的支持和帮助，学院领导、老师的鼓励和指导是那个时期“虹书屋”一步步成长的重要原因。在校期间，“虹书屋”面向校园进行宣传，寻找更多热爱公益的青农学子组建“虹书屋”协会，并举办图书募捐活动，呼吁青农学子关注缺乏图书的乡村小学和渴望阅读的儿童。于每年寒暑假来临之前在学校招募实践队员，假期为乡村小学带去图书和一系列特色课程，帮助他们从小培养阅读兴趣并在实践期间建设一所为他们开放的“虹书屋”。

在理学与信息科学学院的指导和帮助下，“虹书屋”协会先后在山东省枣庄市、青岛市、菏泽市牡丹区、曹县等地建立起了“虹书屋”，为原本缺乏阅读机会的儿童提供了属于他们的图书馆。在“阅读改变儿童未来”的宗旨的引领下，“虹书屋”协会坚信星火可燎原，在公益的路上一次次出发。

创新，天高任鸟飞

协会自2012年成立至今，一直致力于改善乡村儿童图书匮乏的状况。如今，“虹书屋”协会已在全国范围内建立了10多所书屋，将知识和温暖带到每一个走过的地方。

2014年郝秀波毕业，新一代的虹客们自觉接过了“接力棒”，继续前行。2015年枣庄山亭区宋庄小学、滕州市大坞镇刘庄小学，2016年枣庄市东凫山小学，2017年潍坊临朐泛海希望小学、济南洪范池镇小学、菏泽房庄小学，2018年临沂肖家小学、贵州凤冈县和平完小学……“虹书屋”不再局限于山东省内，而是走向了更远、更需要的地方。

在继续建设书屋的同时，他们不断创新。在传统的校内募捐的基础上，逐步建立起与百度捐书吧、校工会图书馆、校外周边小区、渔书公益组织等的长期合作，以获取书籍资源。近年来，也与益微青年、上海国峯慈善基金会等合作，参与“辅仁行动”“新衣计划”等以获取物资支持，保证拥有充足优质的童书，以高质量的阅读夏令营培养儿童的阅读习惯，扩充乡村儿童的阅读资源。

2018年5月，“虹书屋”协会在第六届半岛公益发展论坛暨第二届社会创新大赛中与来自北京师范大学、中国农业大学、中国石油大学等高校的11个队伍同台竞争，最终取得了第四名的好成绩。这代表着“虹书屋”已经迈向了更大的舞台，得到了越来越多的人的认可。

远方，公益放声呐喊

“虹书屋”协会从2012年建立到今天，已经走过七年的岁月。七年的时间，“虹书屋”协会从仅仅几个人的团队发展到如今拥有骨干50余名、会员150余人的校级社团。七年的时间，“虹书屋”在不断成长壮大，七年前郝秀波埋下的那颗公益的种子更是在青农学子的心中萌动、发芽、茁壮成长。

2018年夏天，“虹书屋”协会的第一所省外书屋在贵州遵义的大山里建成，募捐来的近千本图书在这里投入使用。随着协会的发展，未来“虹书屋”协会会更多地面向全国范围挑选实践地，让公益的力量更好地惠及贫困边远地区。

在走向远方的同时,“虹书屋”协会期待遇见更多的“自己”。协会希望通过不断摸索和改进,总结出一条可复制、可推广的发展之路,集结更多的公益力量去改变。如今,“虹书屋”协会发展创新出“书屋建设 + 阅读夏令营”两大板块内容,在建设书屋的同时更加注重培养儿童的阅读兴趣,成立“特色课程小组”旨在更加精化优化支教的课程,“读书分享会”“读书漂流”等一系列阅读推广活动意在激发成年人阅读兴趣的同时来关注儿童的阅读状况。

未来,“虹书屋”协会还不断向前,将公益的声音传向更远的远方。

化学工程与工艺 1201 团支部：青春自信，向阳生长

■ 钟睦琪　张煜颖　马　双

播种、萌发、开花、结果，四年的成长，使阳光自信成为化工艺 1201 团支部的标签，阳光洋溢在每个人的脸上，自信沉淀在每个人心里。

播种—初识

2012 年 9 月 1 日是个值得纪念的日子，来自五湖四海的 33 颗小种子齐聚“厚德、博学、笃行、志远”的肥沃土壤里，它就是化学与药学院化学工程与工艺 1201 团支部。在园丁王海霞老师的引导下，33 颗小种子以共同成长成才为主题，以创建先进团支部为目标，团结奋进、全面发展。

单丝不成线，独木不成林，唯有集体的强大才能抵抗狂风暴雨，健康成长。对于陌生环境，如何快速让大家了解彼此、融入集体，是摆在团支部面前的第一个难题。团支部书记姚敏同学带领大家举办了主题为“我的故事”的专题活动，每一位

同学都要在讲台上分享属于自己的故事。以前在紧张的学习氛围中，同学们很少有这样的机会表达自己。刚开始大家比较腼腆，有些紧张，站在讲台上眉头挤成一团，双唇不停颤抖，粉笔在手心里都能被捏成粉末。后来经过一次次分享和锻炼，同学们可以主动走上讲台，侃侃而谈；大家逐渐打开了心扉，建立了深厚的友谊。这次活动使阳光自信第一次走进化工艺 1201 团支部。

萌发—成长

播种以后，园丁王海霞老师定期为我们浇水施肥，多次强调学习是第一要务，集体的优秀首先体现在优秀的学风建设上，正所谓“学风正才能成绩好”，一次次的叮嘱为我们萌发成长营造了良好的环境。为了建设优良的学风、营造良好的学习环境，团支部开展了一系列加强学风建设的活动——开展以“勤奋刻苦，追求卓越”为主题的班会，举办考研经验交流会等。经过活动的多次举办，同学们深刻认识到学习的重要性，逐渐形成了“帮学比赶超”的学习氛围。化学工艺学课程设计是一门理论与实践相结合的课程，为期两周的化工工艺流程图的设计对于同学们来说是一个不小的难题。同学们四人一组，为了做出更好的工艺方案，大家全天泡在图书馆查资料，问老师，分析讨论，有时候为了一个小问题争得面红耳赤。方案选好以后，大家又夜以继日地画流程图，最后反复检查多次，生怕出现什么差错，因为大家明白，一个小错误，在实际生产中就可能造成重大安全事故。大家拿着自己设计的工艺方案，幸福感溢于言表。这次学习使我们相信，只要付出努力，任何事情都难不倒我们。

俗话说温室里养不出万年松，庭院里跑不出千里马，当代大学生的实践能力、综合素质极为重要。只有走出去，在实践中经历风吹雨打，才能使我们茁壮成长。化工艺 1201 团支部积极策划组织志愿服务和社会实践工作，支部同学积极结合社会热点和专业知识，利用假期，主动深入基层群众，贡献自己的力量。在实践过程中大家面临困难互帮互助，努力克服，不仅增强了自己的实践能力，还使社会实践成为化工艺 1201 团支部的特色。

开花—结果

四年来，在团委老师的指导和帮助下，在青岛农业大学这块肥沃的土壤里，我们健康成长，终于等到开花结果之时。

在良好学风的引领下，支部成员累计170多人次荣获校级“三好学生”、优秀团干部、优秀学生干部、优秀学生奖学金等奖励，先后有8名同学申请了青岛农业大学大学生创新立项，1名同学申请了国家专利，7名同学考取了硕士研究生，1名同学获得了双学位，就业率达到了96.7%。

在社会实践方面，团支部同学组建并参与了10余次社会实践，支部成员参与率达150%，其中绿之益实践团队关注社会热点，针对农药残留等问题进行调研，被大众网、中国大学生在线、中国青年网等多家媒体报道，实践团队被评为省级优秀团队。孙俊飞、潘宁发起组建了“绿盟”实践队，利用暑期时间走进潍坊市坊子区向农民朋友普及安全用药知识，提高农民朋友的自我保护意识，被潍坊市环境保护局坊子分局评为优秀环保志愿者。四年来团支部成员在实践中锻炼，在学习中成长，共走过4个省20多个地区，行程1万多千米。

团支部先后获得先进团支部、雷锋月先进班级、先进班集体等集体荣誉称号15项，2015年5月获得省级先进班级荣誉称号，2015年12月获得全国高校践行社会主义核心价值观示范团支部荣誉称号。

最令人自豪的不是上述的证书与成绩，而是洋溢在每位支部同学脸上的那份阳光与自信。33颗小种子在勤劳的园丁王海霞老师的悉心教导下，已经慢慢长大，经得起风水雨打。无论前方道路多么坎坷，大家都不怕，阳光在前，我们逐梦而行。

机器人创新实验室：风雨之后迎彩虹

■ 李林帅 王忠义 李 哲 孙晓凤

在信息楼有这么一个房间，房间里面有各式各样的机器人零件和单片机，有关于机器人制造的各种书籍，还有许多热爱科技、热爱机器人的青农学子。这就是理学与信息科学学院机器人创新实验室。

理信机器人创新实验室，顾名思义就是理信学院中专业研究自动化半自动化机器人的实验室，并且已经在机器人领域初有成绩。实验室招纳各个学院的优秀学生，自成立以来，同学们一直秉承着认真学习专业知识的理念，增长知识，扩展眼界，打好坚实的专业基础。理信机器人创新实验室软硬件兼修，以单片机为基础，扩展到其他各式各样的传感器零件，再到各种机器人成品，如双足机器人、壁障机器人、无人机、智能家居和各式各样的创意产品等。

理信机器人创新实验室创立之初，只有一位老师、三四名成员、一间小小的房间，到现在数百人的规模，这一路上实验室成员们经历了风风雨雨，不曾懈怠，因为他们坚信，风雨之后迎彩虹，所经历的困难，必会以数倍的成功来回报。

创立之初，星火初显

在实验室创立之初，只有三四名成员和指导老师宋洁，当时条件很坚苦，没有技术，也没有完备的硬件设施。然而，重重困难也阻挡不了宋洁老师和同学们做好机器人创新实验室的决心，怀揣梦想的人不会轻易放弃，困难在梦想和决心面前不过是通往成功的基石。于是他们就集资买了一些简陋的硬件设施，没有技术和基础，就在课余时间恶补知识，去别的学院和专业“蹭”课。渐渐地，技术和基础都有了，于是就想着参加机器人比赛，去和这方面的顶尖人才交流，以此开阔自己的眼界。在第一次的比赛中，实验室就获得了二等奖的荣誉。一步步地摸索，一步步地前进，梦想化为一腔热血，思想碰撞擦出奇异火花，面对艰辛后的成功，同学们更加坚定了自己的步伐。机器人创新实验室是无数人的心血，是一届届的薪火相传，宋洁老师做出的贡献被实验室人牢记并心怀感恩，实验室成员为梦想而奋斗的故事激励着一届又一届实验室人不忘初心，砥砺前行。

星星之火，可以燎原

2017 年，实验室趋向于成熟，有了规章制度，也有了实验室负责人，主要负责迎新、培训、比赛安排等工作。实验室成员逐渐增加到了几十人，成员们身怀绝技，来自不同的学院和专业，但是心里都装着实验室这个家，因为，这里有和蔼可亲的老师，有朝夕相伴的伙伴，有为了比赛通宵调试机器人的战友……大家就像是家人一样，关系融洽，互帮互助。

在第六届山东省大学生机器人大赛中，理信机器人创新实验室推选了 17 支代表队伍，他们在比赛中大显身手，在各个项目上与其他学校参赛队伍进行较量，比赛过后，本着互帮互助的原则与其他队伍的参赛成员进行技术方面的交流，以开阔知识面。比赛结果出来后，机器人创新实验室 17 支队伍斩获了 80 多张获奖证书和 1 张优秀指导老师证书。这是实验室第一次收获这么多的证书，是机器人创新实验室的骄傲！

不忘初心，薪火相传

薪火传承，传承的是实验室那种刻苦钻研的精神和文化。2018 届负责人王忠义在大一刚入学就通过纳新选拔加入实验室。在实验室的这段时间里，王忠义学到了很多,从一开始是机器人方面的小白,到后来努力学习专业知识,积极扩展知识面,学习 PS、PR 等专业软件,到现在的实验室负责人,现在他回想起来自己的历程,十分感慨地说:“当时我进实验室,对机器人方向是一窍不通,但是优秀的学长们把他们的知识毫无保留地教给我们。后来时间长了,我认识了许多很优秀的朋友,再到后来参加比赛,我又意识到我的知识储备还远远不够,于是我就刻苦钻研课外知识。在这里,有许多的朋友,我们一起工作、一起玩耍,把实验室当作家一样,每次来都像是归家的游子一样。”王忠义还说,“实验室这种努力学习、刻苦钻研技术的精神和文化会一直传承下去。”

未来之火,其势如虹

传承,在汉语字典里解释为对某种学问、技艺、教义在师徒间的传授和继承的过程,但于实验室而言,“传承”二字的重量决非如此。它不仅仅是单纯的知识的传授,更多的是精神的培养和意志的养成。实验室成员将自己所学毫无保留地交于一届又一届的新生,总结以往学习中的难点与雷区,一步步指引、带领,为实验室注入新鲜血液。从一开始的各种基础知识的传授,到后来参加比赛时的魄力与果敢,无一不是实验室精神的传承与发展。

现在的机器人实验室,一届届的“新鲜血液”涌来,已经达到 100 多人的规模,实验室成员们相信,今后,会崛起一个又一个的科技大咖,来支撑实验室的辉煌。机器人创新实验室是一个经历风雨后见彩虹的优秀团体,已经有了属于它自身的传承。不管是毕业后离开实验室的老成员,还是入学后进入实验室的新成员,都能切身感受到实验室的传承存在,这个集体的每个成员都能感受得到这种无形力量的存在。是传承,使得实验室这个开发型集体得以延续下去,无论换了多少届,成员们都不会忘记实验室,以是实验室的一员而感到骄傲。

一路风雨,一路彩虹

机器人创新实验室已创立五年,在这五年中,走过了许多的风雨,克服了许多的困难,但正是在这许多的困难中,成员们锻炼自己,找到突破点,实现新的突破,实验室的整体实力也不断提升,逐渐有了与其他高校机器人方面实验室较量的资本。在这一路风雨中,实验室成员们从未想过放弃,因为他们坚信风雨过后,必将会有彩虹!

现在，机器人创新实验室具体分为四个方向：机器人组、无人机组、智能家居组、软件组。机器人组方向主要是主攻竞技类项目，比如双足机器人、避障机器人、擂台机器人等。无人机组主攻方向是航模与无人机，参加各类的无人机飞行比赛。智能家居组主要是在智能家居方面努力，智能家居是大势所趋，未来必定会普及，实验室看中前景，提前培养制造智能家居的人才，为以后社会发展做出贡献。软件组是为其他三个小组提供软件上的支持，比如手机 app、搭建服务器，让智能家居可以通过网络来连接，可以随时随地控制家居。机器人组在各类省级国家级机器人比赛、无人机组在各类无人机比赛、智能家居组在家居创意比赛、软件组甚至在中国质量较高的蓝桥杯比赛中都取得过相当骄人的成绩，这也凸显了实验室的整体实力。

在一代代的新老交替和“老、新传帮带”中，机器人创新实验室更加繁荣昌盛，实力愈发强大。在风雨中砥砺前行，在风雨中期望彩虹，他们从未放弃，因为他们坚信，风雨之后必有彩虹！

粮工 1501 团支部:自信自律,求实创新

■ 李永青　张文芳　贾光辉

粮工 1501 团支部曾荣获 2016—2017 学年校红旗团支部、先进团支部称号,多次获得校级先进班级、院级先进班级、宿舍管理先进班级、社会实践先进班级、军训汇演先进班级等荣誉称号。支部不仅注重制度管理,还重视同学间的交流沟通以及支部凝聚力,他们经常组织各种支部活动,来促进支部同学的交流与联系。粮工 1501 秉承"疾如风、徐如林、动如火、稳如山"的工作理念,发展成为了一个行动力强、活力高、凝聚力强的优秀团支部。

秩序就是力量

"我们团支部拥有健全的制度、健全的宿舍管理公约及优化管理制度等。"粮工 1501 班团支书王爱霞这样向我们介绍。在组建初期,他们便组织全体同学,结合学校的相关要求,在征询院团委老师的意见后,组织制定了粮工 1501 团支部的宿舍管理公约,并由班委作为责任人,深入落实并进行督促监督。两年多来,他们的宿舍仍保持军训要求,被子整整齐齐,物品摆放有序,地面一尘不染,多次获得

校级五星宿舍、院级五星宿舍称号，从未出现过违纪通报现象。支部还注重优化管理，更好地了解支部同学的学习和生活情况，并设有详细的考勤报到制度，做到了能对每位团员的情况进行及时了解，保证了对各同学心理动态和生活安全的有效监督。王爱霞还补充道：“经过多次讨论并在学工办老师和班主任老师的监督和建议下，我们支部还形成了内部的综合素质评价办法，有效地调动了全体团员积极参加各类活动，加强自身的修养建设。”他们的各项制度自建立两年多来一直运行良好，对支部的建设起到了很大的作用，得到了其他支部充分肯定与借鉴学习。

活力提高效率

粮工 1501 团支部主要从学习、心理、宿舍三方面展开支部的各项活动。在学习方面，支部开设“粮工小课堂”，定期组织优秀学生针对团员们的疑难点进行解答，定期开展小规模讨论活动，并建有自己的学习资料库等，促进支部良好学习风气的形成。在心理方面，他们多次举办了心理团体辅导，以促进团员间的思想交流。其中，支部还曾与设施 1501 团支部共同举办了心理辅导，并特别邀请了园艺学院团委书记和心理部老师来为他们授课。在宿舍方面，他们还与设施 1501 团支部进行了“最美宿舍”评比，充分调动了同学们的热情，宿舍整洁度也得到了有效的提高。此外，他们还举办了“奔跑吧，粮一”“最美摄影大赛”等一系列特色支部活动，带领同学们走下网络，走向操场，深入体会活动的乐趣，在促进同学们之间感情的同时也提升了团支部的活力。

荣誉激励前进

粮工 1501 团支部两年间的努力，也得到了许许多多的认可与肯定。支部在 2016—2017 学年被评为校红旗团支部、先进团支部，连续三次被评为校级先进班级，还荣获宿舍管理先进班级、社会实践先进班级、军训汇演先进班级等各项荣誉称号。此外，支部的优秀成绩也得到了学院老师的认可以及学院其他支部的肯定与学习。一项项荣誉让支部成员感到自豪，同时也激励着他们继续前进，不断努力和发展自我。最后，王爱霞还表示：“尽管支部已经取得了一定的荣誉和成就，但我们仍会继续努力，不断学习，让支部更加优秀。”

食品科学与工程学院粮食工程专业 1501 团支部，成长在路上。

绿科景观工作室:书写绿色梦想

■ 晏小迪　马　双　贾光辉

文经楼六楼那方窄小简陋的天地,是小小绿科的“心脏”。每周一中午,15个身着绿科标志服装的年轻人总会准时聚集在这里,整齐地围坐在桌旁,讨论着一周里的工作内容和安排。这就是绿科景观工作室,一个写满故事和成长的地方。

萌芽初生,落实行动

2016年11月21日,山东植物学会理事长赵遵田教授正在为园林学子举办题为“苔藓植物多样性及其价值”的报告会,教授从何为苔藓植物、苔藓植物的多样性、苔藓植物的价值及应用以及苔藓植物资源保护这四个方面详细阐述了苔藓植物的各类信息。“苔痕上阶绿,草色入帘青,苔藓痕迹,源远流长。生于崇山峻岭、莽林险涧,它是苍凉古道上的殷殷别情;居于墙角一隅、篱笆树根,它是古屋茅葺上的莽莽时光。”说者无心,听者有意,就是在这场普普通通的讲座上,苔藓从教授声情并茂的讲解中,从五彩斑斓的PPT里,走进了园林1601班班长赵廷峻的心里,也让彼时入学还不到三个月的他忽然找到了自己的方向。

一念山河，敢为人先。超强的行动力促使赵廷峻在报告会结束后马上萌生出了要组织一个苔藓保护团体的念头，他开始在班级内部招募队友，然后找到了班主任——学院院长刘庆华老师。刘老师十分支持赵廷峻关于组建苔藓保护团队的想法，并联系了浙江丽水市润生苔藓科技有限公司，安排赵廷峻团队于暑假前往学习。

为了储备充足的基础知识，此后三个月的时间里，队员们除了上课和吃饭睡觉，其余时间几乎全部泡在学校图书馆的农业图书阅览室，查询相关资料，学习苔藓知识。2017 年暑假，团队一行四人在为期十天的实践中了解了人工培育苔藓相比野外采摘苔藓的优点及苔藓植物在室内绿墙应用中的优势和现状，学习了苔藓培育及药理知识并亲自动手培育了各类苔藓，同时全面了解了垂直绿化技术的相关知识并切身感受了苔藓墙带来的震撼。连续几个下午，公司工程部都带领团队成员一起制作水陆造景，让成员们深切体会到了苔藓绿化造景的奥妙。结束了在润生苔藓科技有限公司的学习实践后，团队又奔赴全国各地考察当地的野生苔藓情况。最终，这一场声势浩大的社会实践踏足全国 12 个省市，行程 8900 多千米，历时 42 天，并形成了调查实践成果《部分常见野生苔藓分布志》和《人工培育苔藓手册》。

社会实践结束之后，团队在孙贝贝老师的指导下，将此次实践所学和长久以来创业的想法相结合，以“保护野生苔藓，保护生态环境，满足市场需求”为出发点，以苔藓育种生产、苔藓景观衍生品制作、智能苔藓景观墙的销售为主营业务，创立了绿科景观工作室。为了工作室的起步和发展，也为了检验团队的学习和实践成果，绿科团队抱着不断尝试的心态开启了参赛的漫漫征程。

合作创新，砥砺前行

第二届山东省农林类大学生创新创业大赛是这段征途中的第一站。初次参加大赛，那时紧张的备赛过程和参赛时忐忑的心情在绿科人的心目中留下了不可磨灭的印记，虽然心里没底，但一定要将最好的绿科呈现出来。正是在这一目标的鼓舞下，绿科景观工作室的智能苔藓景观墙项目最终在此次大赛中获得了团体组三等奖。这一小小的成绩给予了绿科成员莫大的鼓舞，也坚定了成员们继续走下去的决心。

在绿科的成长道路上，2018 年的“创青春”•海尔山东省大学生创业大赛绝对算得上里程碑般的存在。在临近省赛的一个多月里，挥之不去的压力与紧张笼罩着团队。对于缺乏大赛经验的团队而言，首要任务就是修改与完善创业计划书以及项目申报PPT。那段时间里，团队主创赵廷峻、林东璞和闫肖楠甚至经常为了PPT里的一个字、一组标点、一句话产生争执。在备赛过程中，团队指导教师刘庆华院长和孙贝贝老师不遗余力地为团队提供专业知识的指导，一遍又一遍地为他们梳理商业计划书，多次请来风险投资专家为团队进行商业计划书与项目申报PPT的集中培训。在不断磨合、不断优化中，大家逐渐意识到团队协作的重要性，于是，倾听代替了辩驳，他们不仅制作出更完善的商业计划书与PPT，而且团队成员们的关系也更加紧密。那段时间，文经楼会议的灯光总是亮到半夜，许多个晚上，老师们和三人在会议室里边吃着已经凉透的晚饭，边讨论着修改意见。就这样，参赛PPT来来回回一共改动了30多次，比赛前夕改动的频率已达每天一版。最终，团队成员们用于参赛的PPT与最初的第一版已经没有一句话是同样的。甚至在开往赛场的大巴上三个人仍挤在一起，反复核对着PPT的内容。

除了商业计划书与项目申报PPT这对难题，赵廷峻又为主讲犯了愁。身为团队负责人，没有人比他更了解项目，但这个海南小伙儿十分担心自己满嘴椰子味儿的普通话会使汇报效果大打折扣。他主动找到老师，希望可以寻觅更合适的人代替他主讲。他满脸诚恳地说："我不在乎主讲台上的人是不是自己，只要能将绿科这个项目以最好的方式呈现出来，我认为这就是最正确的决定。"

随着参赛时间愈发临近，大家疲惫不堪，除了熬夜通宵带来的身体劳累，更多的是精神上的压力。但谁都没说过泄气的话，团队里的其他成员也都在争分夺秒、各司其职、有条不紊地加快着任务进度。李梓桐忙着设计团队的LOGO与参赛海报以及APP前端的美工设计工作，头发大把地掉。晏小迪负责宣传视频的制作与文案的撰写，在视频拍摄过程中，相机不小心受了"工伤"。鲍琳、张珈宁和张佳钰主要负责新型机体和仿真芯片的设计、系统的编程。比赛前两周，新型机体的供水系统在设计过程中出现了漏水现象，仿真芯片的编程由于差错，整套数据存在漏洞，导致雾化装置无法及时补充。心力交瘁的同时，他们在尽最大的努力做出弥补。除了一日三餐，睡眠休息也全在实验室解决。终于，在比赛开始前一天，团队成员完成了修复，制作出了系统完善的新型机体。在重重困难的重压之下，每个人都仍然用最大的努力继续着自己的工作，用林东璞的话说，"全靠信念支撑"。

锲而不舍，涅槃重生

最终，所有努力凝聚成了2018年“创青春”•海尔山东省大学生创业大赛银奖的成绩，智能苔藓景观墙项目实现了学院在省级创业大赛中的新突破。谈起此次比赛带给团队最大的收获，赵廷峻笑着说：“应该是让我们切身体会到‘废寝忘食’的含义吧。经过了这次比赛的历练，团队里每个人的主人翁意识都得到大大强化，绿科更像是一个家了。在今后的工作与生活中，我们都将以更加积极乐观的态度来面对。”

在此次现场赛中，其他团队优秀选手的出色表现给团队负责人赵廷峻带来了极大的震撼，也让他深刻意识到了人才的重要性。于是他开始在全校范围内挖掘招募合适的人才。几经筛选，几经考量，绿科重振旗鼓，一支包含了研究生与本科生的专业队伍整装待发。

经过比赛的不断打磨，绿科少了青涩，多了自信。智能苔藓景观墙项目也日益丰满。在2018年建行杯“互联网＋”比赛与第四届山东省大学生创业大赛暨全省创业大赛中，团队成员从容面对，再次获奖。

在2018年第七届阿克苏诺贝尔中国大学生社会公益奖的角逐中，绿科工作室凭借建立基地指导花农采用人工培育等技术培育苔藓，减少对野生苔藓的采摘，同时销售相关产品带动花农们获得更高的经济效益推动乡村振兴的一系列举措，成功获得了阿克苏诺贝尔中国大学生社会公益奖银奖，成为山东省唯一获此殊荣的队伍。

不忘初心，坚守使命

一路走来，绿科始终没有忘记“保护野生苔藓，保护生态环境”的初心。2018年暑假，绿科景观工作室再次扬帆起航，将目光锁定在了野生兰花保护上。为了保护濒危兰科植物、减少自然环境破坏，团队成员兵分两路，深入安徽黄山、霍山，开展了名为”寻兰之旅”的暑期社会实践，与此同时也对当地的野生苔藓做了调研，记录了它们的生存环境、分布状况、种类等。通过此次对濒危野生兰科植物生存状况的实地调研，绿科工作室与花卉公司展开了合作，成员们学习了先进的培育方法，加之线上线下多渠道宣传，绿科又成立了“地方濒危兰科植物保护基地”。

绿科注重拓展国际视野，参加了中韩博文会、第二届国际创新大会等国际会议；绿科成员重视学习，邀请在创新创业、学术科研等不同领域的优秀师生为团队成员举行经验交流分享会。团队负责人赵廷峻说:“我们的目标,远不只是苔藓保护,我们要做成一家具有社会服务功能的园林景观公司。”唯有努力乐观,才能被命运眷顾。2018 年 11 月的最后一天,绿科朝着目标迈出了第一步也是最重要的一步:正式注册公司。赵廷峻难掩兴奋之情,在他的朋友圈写道:“给孩子绿科上了户口。”

一芥苔藓将绿绕,绵绵忧心送科来。从最初关于苔藓的梦到项目落地;从一个人的天马行空到 19 个人的思想碰撞;从初次参加比赛时的雀跃紧张到屡次获奖后的沉着淡定,一路走来,绿科人用扎实的努力打响了“绿科”的品牌。历时一年,绿科景观工作室研发了相应的 APP,拥有了绿科景观电子商务 APP、智能景观壁画两项专利,培育了黄色、褐色两种新型颜色的苔藓,制作了多款感知生命、感受艺术的智能景观苔藓壁画和苔藓景观,同时“绿科景观工作室”微信公众号也步入正轨。

一抹线条,一个零件,一棵植株,一个选择,一生付出。敢想敢做,勇于创新,乐观积极,这是绿科人的选择,也是他们共同的人生信条。期待他们在青农的沃土上不断发展,以参天大树之姿迎接绿科明日的光荣与梦想。

农林经济管理1501团支部：厚积薄发，让集体更有力量

■ 韩 锋 王汝雪 宋颖芳

青春少年，风华正茂，农林经济管理1501团支部由28名团员组成。他们始终牢记“厚德、博学、笃行、致远”的校训，秉承“尚德·乐学”的团风，以学风建设为主线，以活动竞赛和文化建设为两翼，提升同学的综合素质，增强团支部凝聚力。多彩的活动积累了经验，扎实的学风积攒了力量，他们厚积而薄发，为梦想插上了腾飞的翅膀。

重思想，高举团旗跟党走

身处新时代背景下，他们不断地进行思想政治建设，提升自身的思想道德水平。三年以来周周有团课，他们持续不断地进行政治理论学习，时刻了解党的最新动态，立志成为有道德有文化有思想的时代新青年。他们响应学院号召，以全员参与的形式组织团课学习，以时事新闻作为团课的主题，成员之间进行热烈的讨论，各抒己见，以这样的方式增强团员的社会责任感。同时，团员积极参加学院每学期

组织的专场思想政治学习讲座，团干部定期参加工作培训，确保思想的先进性和正确性以及从上到下集体的进步。至今，28 名团员全部递交了入党申请书，其中 2 名同学已成为光荣的共产党党员，6 名团员已通过积极分子的培训，还有 2 名团员正在接受培训。他们立志成为有思想有觉悟的社会主义合格建设者和可靠接班人。

重建设，团支部工作有成绩

团支部紧紧围绕共青团中心工作，开展一系列团支部活动，工作成效初步彰显。他们建立起 QQ 群、微信群、团支部微博等交流平台，及时传递最新消息，营造共建共享的精神家园。本着人人参与、人人受益的原则，团支部鼓励同学积极参加各项活动，并且取得了丰硕的成果。

在科技创新方面，在团支部副书记韩锋的带领下，支部成员以宿舍为单位，全员参加了 ERP 沙盘模拟大赛。超过半数的同学参加了企业模拟竞争大赛，并且均取得了优异成绩，其中韩锋同学获得第十二届“新道杯”全国 ERP 沙盘模拟大赛山东省总决赛一等奖、华东区企业模拟竞争大赛三等奖、校级 ERP 沙盘模拟大赛一等奖、“创新创意创业”大赛校二等奖等荣誉。

文体活动方面，团员徐子悦荣获山东省田径锦标赛女子标枪冠军、山东省大学生田径锦标赛女子团体冠军、“山科大大学杯”2016 年青岛高校田径运动会女子标枪冠军铁饼第四名，成为学校标枪第一人。

社会实践方面，结合专业特点，团支部全部成员都组队参加了农村经济调研活动，5—10 人一组，在得到锻炼的同时收获颇多，其中多名成员获得此次调研活动的一、二等奖。辛苦的付出终将获得丰厚的回报，团支部成员在一系列与专业息息相关的活动中，分别获得国家级奖励 1 项，省级奖励 2 项，市级奖励 2 项，校级奖励 58 项，占团支部荣誉的 37.5%。

在志愿服务方面，团支部先后组织同学到古庙小学、后桃林小学、城阳图书馆等处做义工，让“感恩、奉献”的精髓内化于心、外化于形，为社会做贡献的过程中充分展现当代大学生的风采。以此增强了团员对于团支部认同感和归属感，为共同建设优秀团支部而不断努力。

重学风，“一对一帮扶”显成效

不管你到了哪个年级，不管你自身的能力有多强，学习始终是大学生的立足之本。自入学以来，团支部整体学风优良，团员互帮互助，成绩始终优异。通过“一对一”帮扶活动、主题团支部会议、学习经验交流会、宿舍学习经验交流、两小时学习计划等活动促进团支部学风建设，且成效显著。尤其在“一对一”帮扶活动中，以“一好带一差”为原则，不管是在课堂还是日常生活中都互相监督，共同进步。团支部还实行年终奖励制，充分调动了团支部成员的学习积极性。

在合作中进步，在竞争中共赢。经过三年的积累沉淀，“一对一”帮扶活动成为团支部最具特色的学习活动，并在专业乃至学院中进行推广。专业前十名，该班占 70%，且包揽前六名。在帮扶活动中，涌现出了大批优秀典型，其中以徐子悦和王子赟的表现最为突出。徐子悦同学以平均学分绩点 3. 86 稳居专业第一，并以其优异表现在 2015—2016 学年、2016—2017 学年连续两学年获得国家奖学金，获得了校级优秀学生一等奖学金、单科优胜奖学金、学习进步奖学金、优秀学生标兵等多种荣誉，并且在大二学年前往中国农业大学进行访学活动，同样取得了优异的成绩。王子赟同学属于帮扶活动受益者的典型代表，数学一直是她的弱项，几乎从来没有及格过，正是因为有了“一对一”帮扶活动，她的成绩稳步提升，由专业下游水平进步到中上游，最可喜的是上学期两门数学类课程全部合格，在后来的理科性学习活动中，也未出现“挂科”现象。三学年里，团支部平均每年有一半以上团员被评为校级“三好学生”，10 名以上团员获得优秀学生奖学金，其中国家奖学金 1 名，国家励志奖学金 2 名，省励志奖学金 2 名，占到支部奖励的 47. 6%。

厚积薄发，前行的路上，农林经济管理 1501 团支部全体成员“万众一心，众志成城”，响应时代的号召，不忘初心，身体力行，奔向美好的明天！

软件外包 1304 团支部：活力团支部是如何炼成的

■ 韩馥蔓　孙晓凤

软件外包 1304 团支部先后被评为 2016 年全国高校活力团支部、2015 年山东省先进班集体，多次获得校红旗团支部、校先进班集体等荣誉称号。在学校、学院团委的悉心指导下，团支部成员勤学格物，修德诚意，大胆创新，在思想教育、团日活动、科技竞赛、社会实践等方面表现突出。

百尺竿头需进步，思想引领永争先

每周一次的团课，是支部开展思想政治教育活动的主要形式。软件外包 1304 团支部高度重视每一节团课的质量，大胆创新，组织团员认真学习习近平总书记系列重要讲话精神和治国理政新理念新思想新战略，通过开展新颖独特、丰富多彩的团支部活动，把有意义的团课上的“有意思”。在“禁烟文明”主题团课中，团支部成员组织拍摄了禁烟创意照片，利用当时最时尚的对话标语形式，贴近大学生的平日生活，更容易被理解与接受，也更好地起到了思想引领与规范化管理的作用；

在“洁净校园,美在身边”系列活动期间,团支部开展了“手印环保树”特色活动,团支部成员在已经绘制好的枯树枝干上,用手掌蘸取无毒环保的水粉颜料,用各种颜色的手印描绘了一株枝繁叶茂的环保树,寄寓着软件外包1304团支部全体师生对美化校园、传播青春正能量的坚定信念。通过创新团课形式,将优秀传统文化与90后创新创意相结合,进支部、进网络、进团课,用青春跃动的身影深化着“中国梦”的实际内涵。

根据团支部成员爱好特长,团支部成立多个兴趣小组,积极参加各项校园文化活动。在学霸小组中,支部成员会定时定期组织团支部进行课业的指导与弥补,带动周边同学形成良好的学习氛围,使团支部成绩优异,5人次获国家励志奖学金,20人次获校优秀学生奖学金;体育小组积极锻炼身体,在校运会、篮球赛、足球赛、乒乓球赛中都能看见支部成员活跃的身影;美术小组的成员各显其能、协调配合,在第十届科技文化艺术节中,获机器人大赛、廉政文化漫画大赛、大地彩绘、黑板报设计大赛4项团体第一名。

路漫漫其修远兮,创新创业而求索

结合所学专业知识,充分发挥专业优势,软件外包1304团支部通过开展“我与机器人共成长”“我和代码有个约会”特色科技活动,不断提高支部成员理论联系实际的能力。

团支部积极响应党中央国务院“大众创业,万众创新”精神,12人成功进入创新实验室,3人成功创业。在第15届中国教育机器人大赛中获灭火组一等奖1项,二等奖1项;在第三届山东省机器人大赛中获灭火组一等奖1项,双足竞步组三等奖1项;在第七届“蓝桥杯”全国软件和信息技术专业人才大赛中,“Save Girls 实时动态保护系统”获国赛三等奖、省赛一等奖,并于北京大学发表项目报告,另有作品获省赛三等奖1项,优秀奖3项,另获校、院级奖励200余项。

同时,充分利用理信学院彩虹生涯工作室的平台,做好职业生涯规划。团支部成员连续两年获得校职业生涯规划比赛第一名,并获得第三届青岛市职业生涯规划大赛本研组三等奖。伴随着一行行代码的敲击,团支部成员一步步完善自我,编译出了最出色的程序,创造出了最美好的自己,从专业学习走向职业生涯,40%的支部成员在大四学年成功入职专业相关工作,就业工作局面喜人。

纸上得来终觉浅,社会实践长才干

团支部成员积极参与暑期“三下乡”社会实践,奔赴河南、山西等地开展支农支教活动，行程 3600 千米，累计 840 小时，获“爱学号爱实践”社会实践活动全国第三名、2015 年暑期社会实践优秀团队校一等奖，1 人被评为山东省社会实践优秀学生，2 人被评为校社会实践优秀学生，最后形成 58 万字社会实践报告，获校社会实践报告一等奖 1 项、二等奖 2 项、优秀奖多项，获人民网、新华网、齐鲁网、中国日报网、周口市人民政府网、青岛日报等多家媒体报道，引起广泛社会关注。

在世界休闲体育大会、CBA 联赛、青岛市 Mini 马拉松比赛中均有团支部成员活跃的身影，并通过“我为雷锋代言”等活动努力实现志愿服务活动的长期化和常态化。

业无高卑志当坚，学生干部安得闲

在四年的工作中，团支部重视团干部的培养与发展，努力做到在集体中发展自我。团干部 5 人工作能力突出，其中，2 人任学校兼职辅导员，1 人任学院 2015 届学生会主席，1 人任宣传部部长，3 人次被评为校优秀团干，16 人次被评为校优秀学生干部，7 人次获校优秀学生干部奖学金。在 2017 年研究生考试和国家公务员考试中，我团干部 1 人以专业第一名的成绩被哈尔滨工程大学录取，1 人被济南市税务局稽查局录取。

同时，支部成员努力做到在合作中共同成长。开展喜闻乐见的团日活动，使支部成员变被动为主动，积极参与团支部的建设与成长。在大一学年设计制作了班旗、班服，并录制了团支部宣传片；在中秋节的时候，组织支部成员走进 DIY 烘焙馆，亲手制作月饼或是定制刻有支部所有成员名字的蛋糕。世间唯有美食与情感不可辜负，通过开展特色团日活动增强了支部的凝聚力，借助传统节日加强培育和践行社会主义核心价值观。

四年的时间里，软件外包 1304 团支部一步步走来，执着而又坚定。无论是中秋节亲手定制的专属月饼，还是寒冷冬至里围坐在一起包的饺子，抑或是写满全班名字的生日蛋糕，在这里，每一个节日都充满感动；无论是“十二生肖说廉政”的创意漫画，还是大地彩绘、黑板报设计时的精心绘制，抑或是机器人创新实验室里昼夜忙碌的调试，在这里，每一个比赛都全力以赴；无论是宣传禁烟文明拍摄的创意标语，还是每年暑假开展的“三下乡”社会实践，在这里，每一项活动都收获颇丰。

在这里，他们一路收获，收获友情，收获成长。未来已来，远方不远，行者将至，不负芳华。

上合峰会志愿者:“小浪花”为岛城增光

■ 高 远 韩 露 周 娜 薛春燕

2018年6月9日到10日,上海合作组织成员国元首理事会第十八次会议在帆船之都青岛市举行。我校上合峰会志愿团队应运而生。经过个人申报、学院推荐、资格审查、面试初试、英语口语复试后,通过人员素质、国情社交、军事训练、英语交流、模拟演练五大项目培训,团队正式成立。

自6月6日到6月11日的6天,154位青岛农大志愿者服务于青岛流亭机场、青岛站、青岛北站,为参与峰会的宾客、媒体等提供抵离服务工作,被人们亲切地称为“小浪花”。服务期间,青岛农大“小浪花们”传承着“爱满青农,志愿有我”的学校传统,发扬着“奉献、友爱、互助、进步”的志愿服务精神,坚守服务第一线,全身心投入上合志愿工作,向世界展示了青年的责任与担当。

初识峰会,热情相拥

“青岛青岛我为你创造,真诚投入的微笑,每一份坚守为了你恭候,更好地向前走。上合峰会我把你拥抱,前所未有的心跳。时间会溜走,脚步不停留,虹子的志愿青春可回首。”为助力上合峰会，展现青农特色，上合志愿者以《青岛青岛》为曲、自主创作歌词、策划拍摄了专题MV《情浓上合》。刘奕辰是歌曲的作词者之一，他回忆起当时说：“自己亲身经历上合志愿活动，很有感触，听着歌很自然就写出来了。”《情浓上合》MV一经发布便受到了央广网等多家媒体转载、报道，成为一大热点。时任共青团山东省委副书记刘少华对此给予高度评价。

为迎接来宾，服务上合，志愿者们从接到招募信息甚至是从知道上合峰会在青岛举办开始，便苦练英语，通过各种手机软件练习口语。在志愿者队伍中不乏外国语学院的学生：“英语是我们的专业，但是要做好上合峰会这种国际性盛会的服务工作，我们不敢有任何的松懈。我们经常在一起模拟练习迎接外宾的场景，还会认真学习了解有关峰会的词汇。”

6月6日清晨五点半，志愿者踏上了上合志愿服务的岗位。高强度的服务工作，他们不言苦、不言累，用一个个微笑迎接着外宾，向世界展示了青农学子无私奉献的志愿精神。

激情奉献，情浓上合

在志愿服务期间，大家每天连续20个小时候台、咨询、引导、随车，为来会的记者们提供了一体化服务。工作虽然辛苦，但是大家热情不减，始终保持着来时的昂扬斗志，坚守岗位。在六天的志愿活动当中，大家一起吃饭、一起休息，累的时候会在工作之余相互开开玩笑，缓解彼此的压力。融洽的工作生活使大家结下了深厚的情谊。

张晓军与他同宿舍的五个舍友一起参加了本次志愿者活动，在同学们口中留下了“上合六兄弟”的美称。张晓军说：“上合峰会是一个国际性的会议，能够成为上合志愿者是一件荣幸的事情。通过志愿活动，也增强了自己的能力，增加了阅历。六天的时间里，我们一起吃饭休息，早起晚归，这段经历很难忘。”

本次的志愿活动参加者包含了大一至大三的学生，刚开始时彼此不认识，有点陌生，但是慢慢熟悉后，无论是工作上还是精神上，大家都会互帮互助，相互鼓励。志愿者赵静妍说：“无论谁有困难，大家都会帮助你，沮丧时也会有人安慰你。我的队友们让我感动，大家在一起工作交往时没有一点功利性，这将是我一生的财富。困难总是有的，我们无法逃避，也不应该逃避，因为大家团结一心克服困难、解决困难的过程是快乐的”

再次回首，感谢相遇

在上合峰会志愿者工作过程中，面对高时长、大容量、严要求的工作安排，154名志愿者没有抱怨退缩，反而愈战愈勇。他们用最美的微笑展现了青农学子的风采，树立了良好的学校形象，呈递了最温馨的青岛情。这不仅对他们的成长起到了锻炼的作用，也将成为他们人生篇章中浓墨重彩的一笔，是可堪回首的一笔精神财富。

历时8天的志愿者服务里，每个人用实际行动阐释了奉献、友爱、互助、进步的志愿服务精神，证明了他们从1月份以来的努力。长期准备，层层考核，精心改进，慢慢走来，一路的挑战，一路的陪伴，他们在志愿者服务的旅途中，不断成长，初心不改。“那段时间过得一直很有满足感，这与物质无关，而是一种精神上的满足。志愿服务是一个很难忘的事，对自己来说就是很多经历，认识了很多人，学会了很多，悟到了很多。”刘奕辰笑着说道。

他们不仅将自己做到最好，更将团队精神发挥到极致。外国语学院的李昊阳真诚地总结道：“它是一个整体，包括小到你的这个小组，大到整个志愿者团队，大家都需要互相合作、互相协调，大家之间就跟亲兄弟一样，互相帮助，所以你必须要有团队意识，我认为这个是非常重要的。”

志愿者们的服务赢得了国外记者的高度赞扬。服务其间，虽然很苦很累，但在帮助他人的同时，他们不断成长，不断充实自己，提升自己；在奉献社会中收获了成长和进步，找到了属于自己的青春方向和人生目标。

154名志愿者经严格遴选后脱颖而出，认真践行“一下飞机，就看到了你的微笑”的服务理念，不忘初心，牢记使命，尽己所能，帮助他人，用真诚的微笑迎接了一批又一批国内外媒体记者，受到广泛赞誉。在志愿服务这条路上，他们用饱满的热情活力、凝聚的团队意识和奉献的无私精神，发出铿锵有力的青春之声，凝聚成青春最美好的篇章。再度回首的时候，他们会为今天的自己感到自豪，感到骄傲。

省运会志愿者:在奉献中遇见更好的自己

■ 高 远 韩晓煜 孙 睿 范方靓 薛春燕

山东省第二十四届运动会于2018年9月在山东省青岛市主办。我校219名演出志愿者与423名比赛项目志愿者组成省运会志愿者团队,为本届运动会提供了志愿服务。自6月测试赛到10月20日闭幕式,青岛农大志愿者们服务于测试赛、开幕式、比赛全程、闭幕式等各个环节,以饱满的热情与无私奉献的精神,为省运会的顺利举行发光发热。

不辞辛苦,默默奉献

从开始到结束,青岛农业大学的志愿者们服务省运会历经了5个月的时间。在此期间,大家忙碌的身影随处可见。从6月份测试赛开始,我校志愿者先后参与8个项目、省运会开闭幕式的志愿服务,累计服务时间40085个小时,尽管志愿服务时间长、任务多,但志愿者们没有丝毫的懈怠,每天仍以饱满的精神和热情的态度迎接工作,积极活跃在服务岗位上。

山东省运动会是省内最大规模的运动会。在开幕式中,我校共有219名志愿者承担了举牌引导员、彩旗方队、啦啦操的志愿服务任务。为了更好地展现农大学子的风采，志愿者们放弃中秋、国庆假期，全身心投入训练中。训练过程的艰苦只有真正经历过才能体会。就拿彩旗方队训练踩鼓点和举旗姿势来说，在学校训练时，大家使用木棍代替彩旗训练，志愿者们的拇指和指尖就已经磨出了血泡。实地训练时，把木棍换成了彩旗。彩旗和木棍的差距很大，它的旗杆是钢铁做成的，举起它要费很大力气。志愿者们要想根据音乐有节奏地挥舞旗帜，要付出更多的时间、提高训练强度来获得演出效果。“演出时音乐播放时间比平常彩排时间长很多，我们实在挥不动了，就把旗放在腰侧，用腰部的力量甩动彩旗。”省运会志愿者负责人李广超回忆道。

10月份的青岛，夜晚气温已接近10度，大家穿着统一的志愿者服装，尤其是啦啦操队员的服装更加单薄。上场前志愿者们冻得瑟瑟发抖，演出结束后却都是大汗淋漓。为了集体荣誉，大家都奋力坚持到最后一刻。

比赛场地中，志愿者们服务的身影也随处可见。他们始终保持着良好的精神状态，一丝一毫不敢松懈，只为给运动员提供及时有效的服务。“运动员在比赛之前会把衣服放在箱子里，我们负责帮他们把衣服从起点运送到终点。收拿箱子时，为了保持美观，我们需要动作同步，行动一致。”魏洪扬说。仅仅是放衣服的小事，志愿者也本着严谨负责的态度去完成，给运动员提供最安心舒适的服务。

爱岗敬业　担起责任

当谈起志愿服务的感受，篮球组负责人宋超这样说道：“志愿者要有责任心，你在这个岗位上就要承担起这个岗位的责任，同时还要愿意吃苦耐劳。”虽然每天晚上回去已经11点了，宋超依然要将一天的工作做一份工作总结给老师汇报。这也许就体现出一份沉甸甸的责任心。小到馆内拖地，大到与老师、赛事方协调器材使用等问题，志愿者以认真积极的态度做好每一件事，展现出了青农学子爱岗敬业，以服务群众、服务社会为己任的高贵品质。

每天早上6点钟甚至更早出发，到晚上11点多回到宿舍，这是所有志愿者在步入正常工作轨道后，真实的作息时间。认真、负责、爱岗、敬业，用自己的点滴力量为省运会的顺利进行做出奉献，是志愿者牢记于心的使命感与责任感。“非常喜欢志愿服务这方面的工作，想在大学里做些更有意义的事情”是每一位青农志愿者的初心，更是他们在为省运会服务的日子里能够始终如一的精神动力。

在平日的工作中，志愿者会遇到与老师或赛事方沟通协调等各种问题，有时问题让他们挠头，但他们依旧在保持热情的同时尽力去克服这些难题。他们之中也会发生因特殊问题而不能到岗的情况，这时总有志愿者抢着替岗，积极帮队友度过“难关”。志愿服务不仅仅是贡献个人力量，为时代发展提供服务的一件事，更是展现团结合作精神的平台。

收获感动，唱响青春

志愿活动有早出晚归的辛苦，也有服务奉献的快乐，这种快乐让每一位志愿者始终展现出饱满热情的精神状态。他们辛勤地付出，为省运动会的顺利举办保驾护航。每一位志愿者都在这次活动中收获了很多，成长了很多，对志愿者这个身份有了更深层次的理解。“虽然这次活动牺牲了自己很多学习时间，但通过这次志愿者服务活动我锻炼了自己的交际能力，让自己见识了更多，增强了自己的集体意识和团队意识。”彩旗方队志愿者刘兆龙说。

省运动会的志愿服务活动虽然已经告一段落，但“奉献，友爱，互助，进步”的志愿者服务精神却一直铭记在志愿者心中。因为奉献，他们一路收获，一路成长，在奉献中遇见更好的自己，让青春年华更加充实精彩。此次省运会志愿活动，志愿者真诚热情的服务受到了主办方和社会各界的好评。相信在以后的日子里，青岛农大的学子还将秉着志愿服务精神，为更多人服务，创造更多辉煌。志愿服务，他们一直在路上！

思享读书会:做思想中不私享的思享者

■ 赵鸿儒　刘　琨　薛春燕

这是一个“分享图书,交流思想,融汇百家”的学生社团组织,以青春与热血致敬理想的读书社群。2014 年 10 月,在刘琨老师的倡议下,一群热爱阅读的学生聚集起来,组建了思享读书会,开展了丰富多彩的校园阅读推广活动。五年的蓬勃发展,读书会秉承“做思想中不私享的思享者”的初心,不断丰富七大板块内容,“拾光下午茶”“静默读书室”“云端交流群”“大部头阅读”等逐渐形成校园阅读品牌。同时,思享读书会与多家出版社、媒体和公益组织合作,围绕书籍阅读开展交流分享。2015 年暑期组成“BOOK 小视”社会实践团奔赴枣庄推广乡村儿童绿色阅读。读书会申报的“book 思易图书银行”项目获得山东省“创青春”大赛银奖。2016 年系列阅读活动荣获“四进四信”活动高校优秀项目。2017 年荣获广西师范大学出版社全国优秀读书推广组织奖项。2018 年荣获人民出版社读书会阅读推广大会“阅读推广优秀合作机构”荣誉称号。

网络书香万里传

思享读书会的“大部头阅读”吸引了校园许多爱书之人。利用网络交流平台，举办线上阅读打卡，用一个月或者更长的时间精读一本“大部头”著作。这个活动将阅读由现实转移至网络，既不脱离阅读的本质，又很好地利用了网络通讯的便捷。活动以QQ群为连接方式，群主点名答疑，一段时间之后，还会有线下见面会，网络上神交已久的思享者们还可以建立现实世界的连接。不仅帮助大家培养和坚持每日读书的好习惯，还能真正交到“志趣相投”的好朋友。

“我觉得这个活动很有意思”，“大部头阅读”的参与者崔童说道，“共同阅读经典，就像有人一直陪你阅读一样，如果你坚持不下去了，看见同伴们还在坚持，你会咬咬牙继续下去。”自从进入了网络e时代，碎片化阅读悄然侵入了大家的世界，众多的人不能长时间阅读，不能仔细去阅读，深入去阅读，而“大部头阅读”板块便给了大家一个广泛阅读、深化阅读、共同阅读的机会，让更多的人喜欢并坚持阅读。而围绕其而展开的众多阅读线下活动——观影会、茶话会、交流会等，也更好地提升了活动的趣味性和多样性，让阅读，特别是“大部头”阅读真正成为生活中不可缺少的一部分。

书声已过万重山

“从明天起，做一个幸福的人喂马，劈柴，周游世界。从明天起，关心粮食和蔬菜，我有一所房子，面朝大海，春暖花开！”时过四月，正是春意恰起的时刻，思享读书会活动教室A423传来阵阵诗歌朗读之声，像是对着这满庭的早春预告那疾行千山间的春姑娘的到来。这正是思享读书会“朗读者”活动的一幕精彩剪影。

思享读书会从传播媒介的多元化表达得到启发，开启了“朗读者”系列活动，通过音频的形式将广大青年读书人对海子的理解保存下来，将感悟用文字予以记录。同时，思享读书会还联合广西师范大学出版社，一起将甄选出的饱含思想的音频在网络上进行传播，充分展现青农学子的风采，让更多的人去欣赏去感受，共同品读书香。

莎莎书页阅读推

随着树枝上樱花的绽放，思享读书会在A423已然为广大读书人准备好了思想与阅读的盛宴。思享读书会的老会员熊文艳听到这个消息后马上点击报名参加“阅读马拉松”活动。活动当天，一大早熊文艳便带着一本《万历十五年》来到了A423，找到了一个舒服的角落，开始研读。每一个人都是阅读中的行走者，全校120余名同学选择特定的一本书，远离电子设备，共读三小时。

“平时的三个小时很快就过去了，刷刷手机聊聊天。真正静心读书的三小时，我好久没有尝试过了。既疲倦又兴奋，是不一样的体验。”熊文艳说道。活动结束后，大家手持“阅读马拉松”挑战成功纪念证书，充满了自豪。突破世事的烦扰，在心无旁骛中，体悟阅读的真谛。“通过这个活动，让我重新思索了学习的价值。更加珍惜纯粹的校园时光。我要利用好每一天，在书中见识一个更大的世界，为明天做好准备。”

为了提升同学们的阅读兴趣，思享读书会还广邀名家走进校园。曾邀请青年作家刘同、周思成、徐海蛟，国内知名漫画家寂地，摄影名家左力等走进校园，分享创作感悟，畅谈人生经历，让广大同学在倾听交流中开阔视野，增长才干。

且修行兮路漫长

在发展的历程中，思享读书会不仅独立自主、开创多元化的发展，同时也积极参与全国读书会联盟（筹）的各项活动，与来自全国的各家出版社、企事业单位、高校和社会组织，共同学习交流。2017年，广西师范大学出版社为思享读书会颁发“全国优秀读书推广组织”奖项。2018年，思享读书会获得人民出版社读书会阅读推广大会“阅读推广优秀合作机构”荣誉称号。

在交流活动中，思享读书会2016届会长潘婷曾作为受邀的高校读书会代表，介绍了思享读书会的基本情况和未来发展构想，受到广泛关注。来自不同行业领域的前辈纷纷给予读书会以鼓励，认为高校青年学生群体的阅读推广工作任重而道远，希望思享读书会扎实做好校园阅读活动，让更多的大学生爱上读书，养成终身阅读的习惯。2018届会长赵双双认为，思享读书会在全国范围内结识了一批读书组织、爱书之人，运营读书会多年的前辈给予的肯定和指导让大家倍受鼓舞，将充分发挥高校的知识资源优势，用新一代年轻人的表达方式组织开展好各项活动，真正让阅读走入每一个同学的心中。

武术协会：因为遇见，因为你

■ 刘园园　陈玉龙　贾光辉

武术协会是一个具有浓厚中华文化特色的协会，他们一直有一个功夫梦。

每天晚上，总会有一群人准时出现在虹子广场，练习基本功，无论酷夏还是寒冬，依然坚持训练。同样，在学校运动会和各类市级活动中，都有他们活跃的身影。他们都来自一个叫做武术协会的组织，他们也有一个共同的名字——武协人。

最美初遇

武术协会作为我校的校级协会，成立于2003年11月，距今已将近15年。在近15年的发展历程中，共计吸纳会员7000余人。在经历协会换届之后，协会骨干成员约30人，常驻训练的会员200余人。目前，武术协会由五个分会“麒麟国术”“纹龙棍道”“朱雀散打”“青龙太极”和“白虎跆拳道”组成。除日常训练外，协会还设置有完善的骨干部门，各部门协助会长完成协会日常的工作，保证活动高效组织运营与发展。

武术协会主要的训练工作是教授散打、剑术、跆拳道、双节棍等几十种武术技巧。在吸纳会员、教授武术技艺的同时，武术协会从团队实际出发，积极向校内同学普及武术运动和武术知识。团队还经常组织校内武术爱好者参加各类活动和比赛，使全校广大武术爱好者从多方面了解武术运动，喜爱武术运动。武术协会利用自身优势，为武术爱好者搭建了一座联系外部武馆的桥梁，在加强与校外的联系的同时，还向学校武术队输送了大批优秀武术人才。

深情相知，荣辱与共

团队成员在老师的带领下代表学校积极参加各级各项武术比赛，并在比赛中取得不俗的成绩。2017 年 9 月，在第二届中华学子青春国学荟活动中，武术协会被评为全国大学生优秀国学社团。在青岛市 2017 年第十七届武术锦标赛中，武术代表队获团体第二名荣誉称号，其中 8 人获金牌，6 人获银牌，4 人获铜牌。在 2017 第十届青岛大学生跆拳道精英赛暨山东省大学生跆拳道邀请赛中，团队成员在此次比赛中勇夺三金、三银、两铜，武术协会获团体道德风尚奖。好消息接踵而至。近期，武术协会力压众多优秀学生社团斩获全国大学生优秀国学社团奖项。

在近 15 年的发展历程中，武术协会可谓人才辈出。其中，6 名非武术专业会员经过在协会的努力学习，5 名考取山东师范大学武术研究生，1 名考取新疆石河子大学武术研究生。优秀毕业生滕希望成功考取上海体育学院武术研究生。在山东省大学生运动会中，冯长顺获长拳第 19 名，滕希望获南拳第 8 名的优异成绩。另外，协会很多成员在城阳区武协担任要职，协会成员林佐禹在 2013 年获得国家一级传统武术裁判证，协会成员赵金波于 2015 年考取国家级段位考评员，还有众多成员考取武术段位考评员。武术协会每年举办或参加“武林大会”“迎新晚会”“城阳区武术锦标赛”“青岛市高校双节棍联盟友谊交流赛”等特色活动，在支教中也积极活跃，受到社会各界的好评与支持。

因为遇见，成为更好的自己

三年前还是大一新生的刘迎庆，因为从小对武术有着无限的热爱，又被武术协会的正派作风所吸引，于是便加入了武术协会。可连刘迎庆都没想到，他会在武术协会一待就是两年，现在的刘迎庆已经是武术协会的现任会长。

提到这两年的收获，刘迎庆忍不住说道：“在武协收获最多的不是学到了多少技术，不是考取了多少的段位证书、拿到了怎样的比赛名次，而是收获了许多宝贵的回忆和珍贵的友谊。大家在一起训练、奋斗、流泪流汗，为了比赛、表演做准备，这些经历是我永远不能忘怀的。武协给了我许多，我也希望到了大三的我，能够为武协做一点什么，学长学姐教会我的，我也希望能继续传承下去。”

回忆起在武协的点点滴滴，最让他难忘的是在举办“第二届武林大会”的时候，因为活动需要将一个散打擂台从文体馆搬运到知音广场，那个擂台非常重，有400多个螺丝和四五十个零件，一个零件三个人搬都很吃力，但是没有人抱怨，都在忙在着拆卸、搬运、再拼装。大家都想赶快完成自己的任务再去帮助其他人，结束工作之后已经将近晚上11点了，协会成员都累得不想说话甚至不想吃饭，互相扶持着回到宿舍。也许，就是这样的经历，让武协人的凝聚力和集体荣誉感越来越强。

习武并不能让人人都能成为一代侠客，做出惊天动地的大事，但在武协的经历让人懂得，武协从来不会让一个人独自前行。每天晚上在虹子广场训练，是对武术的坚持与热爱，正是这种坚持与热爱让武协人聚到了一起，让来自不同地区、不同学院、不同专业的人组成了武协这个大家庭。一场缘分练习的过程虽然辛苦，但是在那些一起流汗、一起欢笑的日子里，大家在一起，这点辛苦又算得了什么。

武协的初心是让更多的年轻人人去关注中国传统武术，以期让我们的国粹能够传播得更远。时光飞逝，协会迎来一批又一批的会员，送走一届又一届战友，武协人带走的是武协给他们的温暖回忆，留下的却是动人至深的情感。

校田径队：青春进行时，梦想亦同在

■ 柳亚男　张　倩　孙宇群　刘兆龙　贾光辉

当大家沉睡在香甜的梦中时，他们已经在五环体育场上挥汗如雨。他们是青春、朝气、活力、激情的代名词；他们在竞技体育中约束自我，用激昂的姿态感染着身边人，创造着属于自己的蓝天；他们是优秀的继承者，发扬着“踏实肯干、锐意进取、甘于寂寞、勇于奉献”的精神。他们与竞技同在，相信青春因爱拼更加精彩。他们就是青岛农业大学田径队——一群驰骋在体育场挥洒汗水的追梦者。历年来，他们曾在青岛市高等院校田径运动会、华东区高等农业院校大学生田径运动会、山东省大学生田径锦标赛等比赛中多次获得团体比分第一，摘得桂冠。今年，田径队在2018年四年一届的中国高等农业院校第九届大学生田径运动会中以男团第一、女团第一、团体总分第一的成绩，稳获冠军。

心系田径，向梦飞奔

运动会上，他们与时间赛跑、与太阳并肩，无人不被他们的英姿飒爽所折服。兴趣与爱好让人对事与物有了最初的体验，梦想与目标是努力奋斗的理由。

正是这样一群人因对运动的热爱聚集在一起，共同相遇于田径队这个大家庭，向着更高的目标进发。田径是运动之母。如今，校田径队已经成为我校竞技体育的一张名片。

热爱不只是说说而已，怀揣着憧憬，他们日复一日、不论寒冬酷暑地训练。他们与五环体育场、与阳光、与汗水早就成为形影不离的好朋友。对他们而言，体育竞技早已从热爱升级成一种坚定不移的信仰。“能够一直坚持到现在，原因非常简单。就是当你喜欢一件事的时候，你就会用心去做，并且尽全力去做好，做到要有始有终。这大概就是不忘初心，方得始终。”当问到队长李桐为什么可以一直坚持待在校队时，他笑着说。

因为爱拼，所以成功

“田径队可以成为学校的一张名片并获得如此成就，原因可以概括为三点：教练的指导有方、和睦的队员关系、高强度的训练”，队长李桐说。他们深深领悟到只有经过每天高强度训练后，挥洒在跑道上的汗水才能浇灌出成功的花朵。正常情况下，运动员每周的周一、二、三都会进行训练，训练内容有短跨练习、中长跑练习、投掷练习、跳跃练习。如果有比赛活动，大家将会提前一两个月进行集训。为了保证运动员良好的状态，不管是严冬酷暑、细雨淋漓，还是冷风扑面，田径队员们每天都坚持训练。随着比赛的临近，训练的强度也会一天天加大，运动员必须克服身体与心理的障碍，才能坚持下来。

在田径队里，兄弟姐妹们相处时间比较多，关系都比较亲密，甚至可以称为战友。大家一起熬过艰苦的训练，一起去参加比赛，一起加油鼓劲儿，一起享受胜利的喜悦。每次共同经历的点点滴滴，都会觉得温暖感动。每次训练，教练都会全程陪同，队员们与教练之间有着浓浓的感情，那种情感胜于师生，更像朋友。训练时，教练很严格，一丝不苟。“必须做到”“不许偷懒”“坚持”，这是教练在训练中经常说到的词语。语言简短又朴实无华，但字里行间体现出对运动员的严格要求。一位队员说：“例如预定的时间是 3 分钟，那 3 分 01 秒就是不合格的，那就需要继续训练。”

每次迎着早上初升的太阳努力奔跑，虽然汗水打湿了衣裳，但每个人的脸上依旧是那坚毅的表情。五环的跑道上洒满了田径队员的汗水与泪水，这是专属于他们的荣耀。“集训时，每训练一次就是‘死’一次，跑不动了也要死顶下来，迈不动了也要往死里迈。”这正是每个田径队员内心的真实写照。“尽力去拼吧！冲到头！”王洪恩教练每次比赛都会鼓励大家。正是教练与队员们的共同努力，田径队的成长才会彰显出如此蓬勃的生命力。也正因为一起熬过了这些痛并快乐着的时光，队员之间才产生了不可替代的友谊。大家的心凝聚一起，向着更高、更快、更强的目标迈进，为自己、为学校争得一份荣誉。

百折不挠，始终不渝

比赛当中取得胜利的关键就是拥有持之以恒的决心和百折不挠的毅力。这一点在校田径队的身上体现得淋漓尽致。

校队每一个成就，都是靠大家的顽强拼搏得来的。刘佳，一名来自农学院的2015级学生，在中国高等农业院校第九届大学生田径运动会中连续参加了400米栏预赛、400×400预赛后，在400米栏决赛中，因体力透支不慎摔倒，四肢关节严重擦伤，全身是血。但令人震惊的是刘佳立刻爬了起来，继续进行比赛。最后，她仍然取得了季军的好成绩。她的百折不挠、永不言弃正是田径队的精神所在。事后，王洪恩教练描述了当时的情形：“刘佳摔倒之后，爬起来疯狂地往前冲。我能看到她的腿上，胳膊上满是鲜血和瘀青。”王教练继续讲到，他清楚地记得刘佳当时是这么说的：“教练，我摔倒的时候感觉自己一下子摔醒了。”说到这儿，王教练有些哽咽了。有人问刘佳累吗？刘佳却用五个字回答：“累，但要坚持。”

资环学院2015级长跑运动员崔昭昭，在山东省第十四届学生运动会中荣获5000米第二名的好成绩，在参加10000米比赛中由于心肺系统失调晕倒在赛场上。学校以及其他学校的医疗队抓紧为她供氧、打点滴进行救助。清醒之后，她坚持躺在担架上看着比赛的选手们一个个跑完全程，如数家珍地告诉大家哪位选手跑了第几名。教练说：“她一直在哭，向大家说对不起。”

机电工程学院2016级运动员张峥磊，在2018年青岛农业大学第四十一届田径运动会中因表现突出，被选拔进校田径队。随后，张峥磊参加了山东省第十四届学生运动会。在比赛中，他在男子甲组110米栏中夺得了冠军，400米栏中夺得亚军，400×100接力中夺得冠军，4×400接力中夺得冠军，而且还达到了国家二级运动员的标准。他向我们讲述了比赛时的情景：“400米栏决赛中，我处在第6道，按照平时训练的节奏前面跑是没问题的。因为起跑的失误乱了节奏，前程没有跑好。在最后200米时，里道的人都超过了我，我处于很大的劣势中。在与前面人大约有

50 米的距离时，我忍着到达人体极限的酸痛冲到最后，夺得亚军。”当问到比赛前是否有压力时，张峥磊回答道：“压力肯定是有的，但是要把压力转化为动力。比赛的时候正常发挥，达到自己的水平就好。”回忆起在田径队的时光，他指出：在田径队，最重要的是“坚持”二字，并表示要全身心投入训练当中，准备迎接下一年的比赛。

校队逐渐地登上越来越大的舞台。一路走来，这种矢志不渝、坚持不懈、滴水穿石的精神，贯穿着整支队伍，体现在每一位队员的身上。随着一届又一届的队员毕业，学长学姐退出田径队，考了研究生或是出国留学、参加工作，但是这种精神的力量依旧能作为校队宝贵的财富传承下去。

当被问到是否有遗憾时，李桐学长笑了笑，“努力去做了，也就没有什么遗憾的事了。”正视自己，坚持不懈地奋斗，还有什么遗憾的呢？被击倒并非失败，放弃才是真正的失败。

不忘初心，砥砺前行

在 2015 到 2018 年的各种市级、省级、国家级大学生运动会上，校田径队多次荣获冠军，在各项比赛中拔得头筹。

校田径队取得这样的好成绩，离不开每一个队员、每一位教练的努力。在五环体育场上，王教练看着在绿茵中奋力拼搏的队员，感叹年轻真好。他说道：“教学相长，他们身上很多需要我学习的地方。每次和这群孩子们一起，我都会觉得自己年轻了很多。希望他们能够继续发扬这种不怕苦的精神，成功必定属于他们。”每一支队伍都会有自己的队风，作为青岛农业大学最早的竞技队伍之一，田径队给人的感觉就像是早晨八九点钟的太阳，能带给人蓬勃与朝气。他们像战友一样互相鼓励、互相打气、互帮互助、团结一心。

校田径队的队员们也始终铭记自己的初心，并通过自己的努力来实现这份初心。这是我们每个人都要去学习的。在最美好的青春，遇到最美好的自己。校田径队的队员们正在自己最美好的青春里，守着初心，向未来前行。

羽毛球协会：“羽”众不同，才觉有趣

■ 韩晓玺　姜晨晓　嵇安奕

校羽毛球协会于2005年成立，是我校成立时间最长、规模最大的体育竞技类社团之一，目前分设6个部门，技术部、外联部、会员部、秘书处、策划部、宣传部。历经十余年，协会也在成长，逐渐形成了夯实基础型、创新探索型、巩固提高型、对外交流型四大类活动。

与君初相识

百团纳新之时，乱花渐欲迷人眼，却有许多少年被羽协紧紧抓住了心。为进一步加深新成员们对羽协大家庭的了解，新生见面会闪亮登场。老生、新生一起交流，精彩纷呈的节目也为见面会增添了色彩。

羽毛球新生杯更是令人热血澎湃。双方坚持数十回合仍不分胜负，只见羽毛球在空中忽上忽下、忽左忽右，球员们潇洒漂亮地快速扣球，引得观众拍手称赞。以球会友，何愁棋不逢对手，路不遇知己。

练技不觉已春深

周二至周五的骨干训练过程中，疲惫与欢乐同在，基础性练习小菜一碟，进阶性练习、加强性练习也当然不在话下。黑暗从来不会阻碍羽协人，乘风破浪，披荆斩棘，胜利的曙光沿途遍布。我们无畏失败，因为我们知道努力加坚持等于无所不能！

爱羽协，自然是爱它的全部。羽毛球用完就扔？当然不是，羽协人的心灵手巧也是闻名遐迩。废弃的羽毛球，剪去断掉的羽毛，加以五彩斑斓的编织绳，用各种不同的编法制成独具意义的羽毛球挂饰。它可以当作书包的点缀，也可以亲自制作送给朋友。同时这也是在废物利用，进一步加强了羽毛球这项运动在学校的推广。

愿同鸿鹄游

“新生杯”只是小菜，接下来的“青农杯”羽毛球团体赛、高校联赛这等盛宴更是令人目不暇接。来自不同地方的羽毛球爱好者可以在一起学习、共同进步，遇见更优秀的人。羽协人还有成为羽超志愿者的机会，不仅可以一睹羽毛球超级联赛的精彩比赛场面，还可以同林丹、谌龙等颇具影响力的运动员合影！

羽毛球的训练固然是令人疲惫的，但羽协人习惯了文体馆里的空气，习惯了每次挥拍击球发出的脆响，习惯了大家一起完成训练后的说笑。因为每个人的存在，羽协才能如此的熠熠生辉。

造价 1501 团支部：奋斗的大学最幸福

■ 刘园园　丁　晨　贾光辉

有人说幸福是物质欲望的满足，有人说幸福是功利资源的占有，有人说幸福就是小目标实现的成功，而在造价 1502 团支部的同学们眼中，奋斗的生活才最幸福！2015 年 9 月，35 名怀揣梦想的年轻人走进了青岛农业大学的校门，开始了他们的大学生活。刚刚步入大学，一切都是新鲜的，对所有事物充满了好奇，每个人都在期盼着大学的幸福生活。

天使互助促学习

刚入学的造价 1501 团支部，跟其他支部一样也面临许多问题。35 个不同的名字，35 种不同的性格，他们需要磨合，也需要迁就。大学不同于高中的紧张，许多同学到了大学就开始放飞自我，一时间班级里也会有不和谐的现象。良好的班风和学风是取得优异成绩的前提，在这种情况下，支部委员们积极讨论，要怎么提高同学们的学习积极性。在班主任车广杰老师的带领和班级全体成员的集思广益之下，造价 1501 团支部设置了“天使互助”——优秀学生对“挂科”学生的帮扶活动。班级的一男一女组成天使小组，提升了大家的学习兴趣，解决了学习上的很多困难，同学们逐渐养成了良好的学习习惯。

紧接着，又一个问题迎面而来——四六级英语考试。班级的许多男生英语底子不好，不爱学英语，导致班级的四六级整体通过率不高。针对这个问题，支部委员们一边组织英语学习成绩较好的同学讨论解决方案，一边寻求学姐学长和老师们的帮助，最终提出了一个恰当可行的解决办法：班级组织百词斩每日打卡学习，学生每日进行学习打卡，由班级两委会轮流监督。在这样一种模式下，全班的英语成绩有了长足的进步，四级通过率近 100%，六级通过人数也达到了班级人数的一半。

经历了实践的反复验证，造价 1501 团支部有了自己独特的学习制度，在车广杰老师的带领下，班级形成了一种“比、学、赶、帮、超”的学习氛围。在这样一种氛围下，同学们经常在一起探讨学习上的问题，互帮互助，共同进步，这使得班级整体成绩一直排在同年级同专业前列。同时，班级的学风优良，也使得班级产生了一大批优秀的人才，多人获得省级奖助学金以及校“三好学生”、校优秀学生干部称号，支部“三好学生”人数 13 名，国家励志奖学金 3 名，省励志奖学金 3 人，校级一等奖学金每学期 2 人，二等奖学金每学期 3 人，优秀学生干部每学期至少 5 人。

社会实践出真知

如果说考试周是一个学期中最难熬的时光，那寒暑假必定是学生们最向往的日子，而伴随着寒暑假而来的，则是班级的社会实践活动。第一次准备社会实践活动的时候，团支书张玉洁也对这方面不太了解，于是，整个班级面临着截然不同的选择：是认真准备、查找资料，进行一次有意义的社会实践活动，还是敷衍了事，带领班级出去旅游观光？在这件事情上，不同的同学又产生了不同的看法：有的同学觉得要认真进行，想了解更多专业知识；有的同学想出去游玩，不想在假期还一本正经地学习；还有的同学不想参加，想早点回家。这时，班主任车广杰老师给了他们建议和参考：结合专业。于是，在车老师的指导帮助下，班级组织出了一次次优秀的社会实践活动。造价 1501 于 2016 年参与“BIM 技术学习和测评系统”的校级科技创新立项；2017 年参加青岛农业大学“挑战杯”大学生课外学术科技作品竞赛，荣获校级二等奖；2017 年暑假，他们又参加了建筑工程学院“关爱留守儿童”义务支教活动；2017 年跟随车广杰老师带队申请校级科技创新立项“基于二级学院下党员的管理与学习系统”。

团支书张玉洁说，提起丰富多彩的社会实践活动，最让她难忘的是2016年的那个夏天。那个暑假，他们去到了城阳区天一仁和房地产公司的总部。骄阳洒在他们一行人的脸上，喜悦、激动的气氛弥漫着，也不忘彼此提醒着此行目的，保持严谨、认真、谦虚、好学的态度。他们的专业是工程造价，所以这次实践团支书就特地联系了天一仁和财务部的主管跟他们交流经验。

他们将自己事先准备好的问题与该公司的财务总监沟通交流，团支部的每个成员都听得特别认真，人手一本的小笔记也记得密密麻麻的，生怕错过了什么细节。在返回学校的途中，大家还也都还在讨论着交流会中的点点滴滴，大家对自己的专业又有了新的认识，可能憧憬、担忧都有，但内心都坚持一个共同的信念，扎扎实实学好每一门专业课程。因此，让同学们接触更多的专业知识，也成了每一次组织社会实践活动的目的所在。

拼搏的青春最美丽

造价1501团支部几乎拿到了大学期间班集体所能拿到的所有荣誉——“校先进班级”“红旗团支部”“优秀班级”……当决定要参评省级先进班集体的时候，他们也承受着很大的压力，全校仅有10个名额、准备时间不足、害怕荣誉不够……为了做好充分的准备，班级两委会通力合作，合理分配任务，组织材料，用了整整一个星期的时间完成了先进班集体材料的准备。在打印班级成员获奖证书的时候，他们也没有想到班级的获奖证书已经达到了数百张，看着那么厚的获奖证书不禁让人感叹，或许优秀真的是一种习惯。最终，造价1501班不负众望，斩获“省级先进班集体”的荣誉称号。

“奋斗本身就是一种幸福。只有奋斗的人生才称得上幸福的人生。”世界上最快乐的事，莫过于为理想而奋斗，而奋斗对于当代大学生来说尤为重要。造价1501团支部的青年大学生们，正在用自己的行动阐释着“奋斗的大学最幸福”。长风破浪会有时，直挂云帆济沧海。面对明天，他们定会百尺竿头，更进一步！

智能农机创新团队:传承机电精神,铸就农大品牌

■ 魏梦雨　龚安军　张星宇

机电工程学院智能农机创新团队成立于2010年10月,于2015年入选大学生“小平科技创新团队”。智能农机创新团队是一个以围绕我国农业机械化发展中的突出问题和以智能化农机装备为主线,学生、教师、校外专家和专业高层次技术人员互通共享的技术平台。目前专业涵盖了农业工程、机械工程、电气工程和自动化工程等多个领域,由校团委主管,成立了“创新、学习、交流竞技”为宗旨的大学生科技创新团队。

科技创新,展机电学子风采

学院为团队的发展提供了良好的环境,其中包括多个创新实验室、大量的教学仪器和实验操作仪器,基础设备建设都得到了保障。在这一优越条件下,成员们的科技创新能力不断得到加强,并积极参加国家级、省级各项比赛。自成立以来,

团队主持研究项目170余项，申请国家专利37项，发表科研论文150余篇。在“挑战杯”大学生课外学术科技作品竞赛中获得国家特等奖1项、一等奖1项，二等奖2项，三等奖2项，“累计创新”铜奖1项，省部级奖项8项。其中斩获特等奖的秧果兼收型花生联合收获机团队在参赛前期做了充足的准备：4HYGJ-6秧果兼收型花生联合收获机的研发与试制，研发报告的整理，海报、宣传册的制作等等。谈到团队为何能获奖，团队指导老师何晓宁认为“团队能取得这样的好成绩，一方面得益于团队从组建至今得到了学院领导的高度重视与关切，在各方面均给予了大力的支持；另一方面得益于团队集体意识强，责任心强，能够积极地完成本职工作，做好材料的整理与汇报。”此外，智能农机创新团队在“创青春”大学生创业大赛中，获得国家银奖1项，省部级奖项3项，在全国大学生电子设计大赛、机器人大赛、机电产品创新设计中获得百余项奖励，各类奖项成绩斐然。

致力公益，传递科技梦想

借助自身专业优势，团队积极参加社会实践与志愿服务工作，打造精品公益活动。团队开展“小小科学家”公益圈志愿服务工作，致力于青少年科技知识的传播与科技课堂的设计研发，服务于广大青少年。其中，以“小小科学家”公益圈为核心基础的“情浓青海”公益服务社会实践团、“智”绘贵州公益服务团等社会实践团队在寒暑期积极前往青海、贵州、四川等省的贫困山区，针对当地青少年开展科技启蒙教育。“你们的实践活动非常有意义。贫困地区的现状，确实不是大学生支教、媒体呼吁就能解决的，让我们共同携手，唤起外面世界对这个群体的关注，努力帮助贫困地区脱贫，让更多的孩子走出大山。”中青网编辑李沛然曾对“智”绘贵州公益志愿活动表示认可。“小小科学家”公益圈项目曾获得第十一届中国青年志愿者评选表彰活动优秀项目奖、第二届中国青年志愿服务项目大赛金奖、第四届中国青年志愿服务项目大赛公益创业赛银奖等国家级奖项6项，省部级奖项8项。

诠释农大品牌，传承机电精神

团队坚持敢为人先的发展精神，创建完善科技创新激励机制，搭建创新平台。经过不断探索，不懈努力，社会影响力不断增强。智能农机创新团队还受到了国内外知名专家的广泛关注，得到了国际育种专家约翰·霍普森教授、美国宾夕法尼亚州立大学刘聚德老师以及农业工程领域的中国工程院院士汪懋华、罗锡文、陈学庚，农业部农机化司司长李伟国等专家的亲切指导与高度评价。团队协作打造时代桥梁，薪火相传铸就农大品牌。智能农机创新团队以实际行动传承了机电精神，也用成绩诠释了农大品牌。